인간관계가
답이다

인간관계가
답이다

초판 1쇄 발행 2020년 6월 1일

지 은 이 홍석환
발 행 인 권선복
편   집 유수정
디 자 인 김소영
전 자 책 서보미
마 케 팅 권보송
발 행 처 도서출판 행복에너지
출판등록 제315-2011-000035호
주   소 (157-010) 서울특별시 강서구 화곡로 232
전   화 0505-613-6133
팩   스 0303-0799-1560
홈페이지 www.happybook.or.kr
이 메 일 ksbdata@daum.net

값 16,000원

ISBN 979-11-5602-800-0 (13190)

Copyright ⓒ 홍석환, 2020

도서출판 행복에너지는 독자 여러분의 아이디어와 원고 투고를 기다립니다. 책으로 만들기를
원하는 콘텐츠가 있으신 분은 이메일이나 홈페이지를 통해 간단한 기획서와 기획의도, 연락처
등을 보내주십시오. 행복에너지의 문은 언제나 활짝 열려 있습니다.

좋은 인간관계가 좋은 성과를 부른다
관계를 지배하는 최선의 전략은 무엇인가

인간관계가
답이다

홍석환 지음

도서
출판 행복에너지

머리말

───────※───────

• 왜 인간관계인가? •

카네기 공과대학이 실패한 사람 1만 명을 대상으로 성공의 요인에 관해 질문했다. 질문 응답자의 85%가 "성공은 인간관계에 달려있다."고 대답했다. 보스턴 대학도 성공한 사람들의 특성을 조사하고 성공비결에 대해 다음과 같은 결론을 냈다. 첫째, 다른 사람들과 어울리는 능력. 둘째, 좌절을 대하는 태도. 셋째, 감정조절 능력이라고 발표했다. 자신만 잘해서는 안 되고, 남과 어울리며 함께 생활하고 성과를 낼 수 있는 인간관계가 성공의 큰 원동력이라는 사실을 강조한 것이다.

• 인간관계가 인력유형을 결정하는 한 요인이 된다 •

엑센츄어_{Accenture} 컨설팅의 빌 그린 회장은 "최고 기업의 서비스는 베낄 수 있어도 인재는 베낄 수 없다."며 인재의 중요성을 강조했다. 국내 대기업인 삼성은 선대 회장부터 인재제일의 경영이념을 내세워 인재의 선발과 유지관리에 심혈을 기울였다. 기업이 원하는 인재는 어떤 인재일까? 많은 기업들이 성과와 보유 역량 및 현재와 미래의 성장 가능성을 기준으로 다음과 같이 인재를 분류한다. 약 10~20% 미만의 고성과 인력, 70~85%의 유지인력, 10% 미만의 저성과 인력이다. 고성과 인력에 대해서는 보상, 승진, 육성 등의 별도의 인사제도를 중심으로 유지관리를 한다. 이를 통해 더 높은 수준의 성과를 창출하도록 한다. 유지인력은 회사와 직무에 대한 로열티를 중심으로 지탱해 주는 역할을 하게 한다. 저성과 인력은 조직에 자극을 주는 역할을 한다.

인재 유형별로 만나는 사람, 정보, 일의 중요도, 회사의 지원 등이 다를 수밖에 없다. 자신이 어느 유형에 속해 있더라도 자신을 둘러싸고 있는 사람들과 인간관계에 따라 성과뿐 아니라 회사에서의 직위나 직책이 달라진다는 점은 동일하다.

조직은 함께 바람직한 모습을 지향하며, 높은 수준의 목표를 설정하고 이를 달성해 가야 한다. 함께 일하는 사람들이 높은 역량을 갖고 있고, 일하는 방식이 자신보다 한 수준 위라면 배우고 성장한다는 생각을 갖게 된다. 사실 조직과 구성원이 정체되지 않고 성장한다는 생각을 갖도록 조직을 이끌어 시장 가치를 높여주는 사람이 리더이다. 그래서 리더는 조직의 가치를 강화하는 원칙과 노력을 해야만 한다. 결국 사람이 장기적 성과를 창출하는 답이기에 조직 내에서 더불어 함께 성장하도록 지도해야 한다. 만약 리더가 인간관계에 대한 지식이나 원칙이 없다면, '회사는 좋지만, 관계가 싫어 퇴직'하는 직원들이 속출할 것이다.

일정 직급에 오르기까진 그저 자신의 일만 잘하고 성과를 내기만 하면 되었다. 하지만 직책 승진을 하거나 오랜 기간 동안 주변의 인정과 존경을 받기 위해서는 일만 잘하면 안 된다. 인간관계 역시 잘해야 한다. 인간관계에 남다른 생각을 갖고 본인은 물론 주변 사람들과 좋은 관계를 맺는 사람이 결국은 빠른 승진을 하고 더 의미 있는 성과를 창출한다. 대부분의 직장인은 상사를 부담스러운 존재로 생각하지만, 일 잘하는 이들은 상사의 마음을 읽고 상사가 원하는 방향과 전략을 실행한다. 상사의 힘들고 아픈 점을 알고 그를 이해하거나 지원한다. 주변 동료와 후배들에게 관심을 갖고 배려할 줄을 안다. 자신의 일이 어떤 영향을 줄 것인지 후공정이나 단계를 고려하여 추진한다. 직장뿐 아니라 사회생활을 하는 데 궂은일을 도맡아가며 희생할 줄을 안다. 이들은 과거에 연연하기보다는 현재를 바탕으로 미래를 준비한다. 이들이 갖고 있는 생각은 함께해야 한다는 긍정적 마인드이다. 보다 바람직한 내일의 모습에 대한 형상화이다. 매 순간을 즐기며 성과를 생각한다. 이들은 중요한 사태가 발생했을 때 그것을 자신이 해야만 한다고 고집하기보다는 상대방과 공유하고 그 가치를 키운다.

이 책을 저술하면서 직장인들이 좀 더 좋은 인간관계를 맺어 자신의 일에 자부심을 갖고 성장하고 즐기길 바랐다. 오늘날 많은 현대인들이 하루의 대부분 시간을 직장에서 보낸다. 많은 이들과 함께하는 공간이 바로 직장이다. 그러니 그곳에서 만나는 이들과의 관계가 중요하다고 말할 수 있다. 이 책이 보다 많은 이들에게 널리 읽혀 직장생활에 어려움을 겪는 이들에게 도움이 되었으면 한다.

책을 쓰면서 많은 분들이 생각난다. 시골에 계신 부모님과 형과 형수, 동생과 제수. 이 길을 선택하는 데 도움을 주신 고등학교 담임이셨던 이종구 선생님, 삼성에 입사하여 자신만 알던 저자를 바른 사람으로 성장시킨 이근면, 배영홍, 김만헌, 배홍규, 박두규, 연제훈, 강신장, 이순영, 육현표, 권민상, 권혁준, 손관수, 한상국 선배와 상사이신 최희용 부장, 고 최우석 대표, 고 박종식 소장, 장상수 실장 그리고 동기와 후배들에게 감사드리고 싶다. GS칼텍스의 허동수 회장, 김건중 사장, 박원표 부사장, 김영기, 이종봉, 김기태, 박성호, 이수관 선배와 동료, 함께한 박성수, 원유태, 심규창, 이인배, 곽상헌, 오주엽, 조병수, 성우상, 김정민, 서정우, 선기훈, 홍영준, 우명하 아우들로부터 인간관계의 전부를 배웠다고 해도 과언이 아니다. 마지막 직장이었던 KT&G의 최명렬 본부장, 김재수 사장, 김효성, 정옥영, 김겸환, 김진한, 이영문, 이정훈, 김진철, 이흥룡, 양기훈, 주섭종, 박삼규, 권세현, 김면수, 구상훈, 오유진, 김만호, 이숙자 선후배에게 큰 도움을 받았다.

사회생활을 하면서 많은 분들로부터 도움을 받았다. 그분들 모두가 전문성이 뛰어나며 인간미까지 겸비한 분들이었다. 매달 세미나를 개최하면서 알고 지낸 지 어느덧 10년이 넘은 한국 HR협회의 김기진 대표, 김성탁, 김동원, 김정필, 이진영, 김종락 아우. 25년이 넘게 만남을 지속하는 인사노무연구회 회원들을 잊지 못할 것이다. 인사 전문지인 월간 『인사관리』, 『인재경영』, 월간 『HRD』, 『HR Insight』의 편집장과 직원, 10년 가까이 도움을 준 한솔교육에 특히 감사드린다. 해양에너지의 김형순 사장, 오광호 전무의 배려에 감사드린다. 현대중공업, 애경그룹, ㈜경신, 마이다스 아이티, 하림, 인키움, 링키지 코리아, 메가넥스트, 코코도르, 한국능률협회(KMA), 한국생산성본부, 한국공업표준협회, 전국경제인연합회, 한국경영자총협회, 한국경제신문사, 인사드림, 서울과 대전의 많은 선후배, '3분 경영'의 독자의 관심과 격려에 감사드린다. '홍석환의 3분 경영'을 칼럼으로 내어주는 중도일보 김대중 국장, 한성일 국장, 박병주 차장, '홍석환의 인사 잘하는 남자'를 실어 주는 한경닷컴의 고광철 전 대표와 김미진 부장이 없었다면 이 책은 빛을 발하기가 어려웠을 것이다.

언제나 아름답고 변치 않는 사랑을 전하는 아내, 힘든 가운데 공부와 연구로 자신의 꿈을 키워가는 든든한 큰딸 서진, 새로운 삶을 계획하는 예쁜 서영이와 사위 이승재에게 사랑을 전한다. 매월 만나는 사돈어른에게도 인생을 배우고 있다. 마지막으로 최선을 다해 교정을 보고, 옥고로 편집하고 한 권의 책으로 세상에 나오게 해준 도서출판 '행복에너지'의 권선복 대표에게 깊은 감사를 드린다.

2020년 5월, 일산 집무실에서

홍석환 대표(홍석환의 HR전략 컨설팅, no1gsc@naver.com)

차례

———— ✳ ————

Chapter 5

흔들리면 안 되는 리더

Chapter 1

관계의
시작은
나부터

나는 몇 점인가?

• 나의 시장가치는 어느 수준인가? •

대기업 임원 대상의 역할과 성과관리 강의를 하면서 자신의 시장가치에 대해 질문을 한다. 대부분 구체적 답변이나 질문을 하는 사람이 없고 묵묵부답이다. 사실 기업 임원을 하면서 외부 가치에 대해 생각할 여력이 없다. 매일 발생하는 처리해야 할 일들이 많고, 시간적 여유가 생기면 쉬고 싶다는 생각 또는 그동안 미뤄왔던 일에 매달리게 된다. 자기계발을 해야 한다는 생각은 있지만, 쉽지 않다. 퇴직을 앞둔 임원들에게 "지금 받고 있는 연봉의 1/2을 퇴직 후 받을 수 있겠는가?" 하고 물으면 어렵다고 한다. 많은 사람들이 퇴직 후 생활에 대한 준비가 되어 있지 않다.

헤드헌팅을 하고 있는 후배에게 "사람의 시장가치를 어떤 척도로 판단하냐?"고 물었다. 후배는 5가지 자신의 판단기준을 설명해준다. 첫째는 놀랍게도 나이였다. 너무나 현실적이기에 놀랐다. 후배는 만 50세 이상은 원하는 직장에 재취업하기 어렵다고 했다. 둘째는 직무의 전문성으로 몇 년 근무했는가는 중요하지 않고 그 직무의 자격증 또는 구체적 업적이 무엇인가를 본다고 한다. 셋째는 최종학교와 전공이다. 퇴직 후 연봉의 반 이상을 받기 위해서는 학사는 쉽지 않다고 한다. 넷째, 직무 전문가와의 네트워크를 강조한다. 한 회사에서 내부 사람들하고만 관계를 맺은 사람은 퇴직 후 갈 곳이 많지 않다고 한다. 마지막으로 재직하던 회사에서의 인성과 조직관리 역량을 반드시 피드백 받는다고 한다.

· 나는 몇 점인가? ·

10개의 질문을 준비했다. 각 문항당 10점 만점을 기준으로 총 100점 중에 몇 점이겠는가?

① 나는 매년 전년 실적을 반영한 이력서를 가지고 있고 나의 성장을 확인하고 기록한다.

② 나는 성과를 최우선으로 3년 후 나의 비전, 전략, 중점과제가 무엇인지 설명할 수 있다.

③ 나는 사업의 본질을 알고 이를 기반으로 제품, 경쟁자, 고객을 이해하고 의사결정 한다.

④ 나는 나만의 변화의 원칙이 있고, 변화의 방향에 민감하며 선제적 대응한다.

⑤ 나는 내가 담당하는 직무의 CEO로서의 역할을 다하고 있다.

⑥ 나는 직무전문성의 단계를 규정할 줄 알며 상위 단계에 있다.

⑦ 나는 올바른 가치관으로 정도 경영과 회사 이미지 제고에 앞장선다.

⑧ 나는 매일 해야 할 3가지 이상의 바람직한 습관을 가지고 있다.

⑨ 나는 매일 10분 이상의 성찰의 시간을 갖고 감사하는 마음으로 회사와 직무에 임한다.

⑩ 나는 자율 문화를 조성하고 조직과 구성원의 성장을 지원한다.

질문이 다소 주관적이기 때문에 객관적으로 정확한 점수를 도출할 수는 없다. 하지만 이 질문표를 보고 자신 있게 나는 80점 이상은 된다고 판단했다면 당신은 조직에서 인정받고 있는 직장인이다. 나이 50세가 넘은 직장인 중에 매년 이력서를 작성하고 수정하는 직장인은 그렇게 많지 않다. 이들에게 왜 이력서를 작성하지 않느냐고 물으면 대부분의 사람들이 "할 필요가 없다", "적을 내용이 없다", "어디 다른 곳으로 갈 것도 아닌데 왜 적느냐?", "내가 이력서를 적는 순간 회사와 나에 대한 로열티가 훼손된다."고 답한다. 하지만 매년 이력서에 한 줄 이상을 올리는 사람이 되어야 한다. 자신이 학사라면 석사로 한 줄 올리는 데 최소 2년이 필요하다. 목표와 부단한 노력 없이 성공한 사람은 없다.

• 나는 어떤 사람인가? •

헨리 롱펠로우는 "훌륭한 사람들의 삶은 우리에게 삶을 숭고하게 만들 수 있다는 것을 일깨워 준다. 그리고 시간이라는 모래 위에 발자국을 남기고 우리를 남겨둔 채 떠나간다."고 말했다. 어떻게 기억될 것이며, 어떻게 기억되길 원하는가? 대학원 석사 2년, 박사는 몇 년 소요되었는지 모르지만 나는 한 교수님 밑에서 공부했다. 이 교수님의 정년퇴임을 앞두고 제자들이 모였다. 60세 넘은 제자도 있고 아직 20대인 제자도 있다. 참석한 모든 이들을 아는 단 한 명의 교수님이 식사를 하면서 의미 있는 말씀을 한다.

"내 스승은 조직행동 분야의 대가이시며 수많은 논문을 남겼지만, 세상을 떠나신 후 20년이 지난 지금, 인용되는 논문은 그리 많지 않고, 세상은 그를 잊고 있다. 하지만, 그의 제자들은 그의 인품과 업적을 기억한다. 60세가 넘어 제 나이에 어울리지 않는 젊은 옷을 입고, 젊은이나 하는 언행을 하는 사람들을 어떻게 생각하느냐? 자신의 나이에 어울리는 품격 있는 언행을 해야 하지 않겠느냐?"

그렇다면 나는 어떤 사람이 되면 좋을까. 위대한 영웅, 뛰어난 업적을 가진 발명가가 아니더라도 자신과 함께한 후배들이 목표를 세우고 삶을 살아가는 데 도움이 되는 사람이면 좋겠다. 사람들에게 부담이 되는 존재가 아닌, 사람들과 더불어 함께하길 좋아하는 사람이면 좋겠다. 할 일이 없다며 시간 지나는 일을 지겨워하고 텃밭이나 가꾸는 애늙은이가 아닌 가능한 한 많은 사람의 성공을 돕는 사람이 되면 좋겠다. 편향되고 부정적인 시각으로 세상을 보지 않고 긍정적 영향을 주는 사람이 되면 좋겠다. 한때 함께했던 사람들, 영향을 받은 사람들이 찾아오지 않아도 서운해하지 않고 그들의 행복을 빌어주는 속 넓은 사람이면 좋겠다. 곁을 무심히 스치고 지나가는 바람에게도 감사함을 느낄 줄 아는 사람으로 살다가 한 줌의 흙이 되고 싶다.

나는 나 자신을
사랑하고 있는가?

· 믿음이 부족하다면? ·

우리가 매일 변함없이 행복하게 생활할 수 있는 것은 '신뢰'가 있기 때문이다. 신뢰가 없다면 고층 아파트는 존재할 수 없었을 것이다. 엘리베이터가 밑이 없거나 오르고 내리다가 갑자기 뚝 떨어진다면, 길을 걷는데 땅이 꺼지거나 하늘에서 무엇이 떨어져 머리에 부딪친다면, 지나가는 사람들이 나에게 나쁜 행동을 한다면, 버스나 지하철을 탔는데 기사를 믿을 수 없다면, 음식점이나 커피숍에서 먹고 마시는 음식에 유해한 물질이 첨가되었을 것이라는 의심이 계속된다면, 하루는 절대 행복할 수 없다. 존재하는 것이 그 무엇이든지 기본적인 믿음이 있어야 한다. 이 믿음이 나를 성장시킨다. 또한 이러한 믿음은 사회의 건전한 한

시민으로서 살아가게 해 주는 원동력이 되기도 한다.

· 자신에 대한 불신은 조직생활을 망치게 한다 ·

자신을 사랑하지 않으면서 남을 사랑하기란 어렵다. 내가 나를 사랑하지 않는데 어떻게 남이 나를 사랑할 수 있느냐고 의심을 품을 수 있다. 자신에 대한 불신의 이유는 다양하다. 경제적으로 무능하거나 학력이나 경력에 대한 콤플렉스가 있을 때, 어떤 실패로 인하여 기가 죽어 있을 때, 남들은 다 할 수 있는 것을 하지 못하거나 다 갖고 있는 것을 가지고 있지 못할 때, 자신의 무능이나 부족함을 비관하며 '내가 이렇게 못났으니 혼나고 당연한 거야. 그러니까 사람들이 떠나는 거야.'라고 생각하고 만다. 자기 불신이나 불만이 많은 사람은 매사가 소극적이고 부정적이다. 해서는 안 되는 일이며 한다 해도 자신은 못한다고 여긴다. 이런 사람들은 조직생활을 잘할 수가 없다. 그들은 조직 구성원에게 불신을 전파하여 그 기운을 다른 이들에게도 전염시킨다.

· 먼저 자신을 사랑해라 ·

『신입사원은 무엇으로 성장하는가?』라는 책이 있다. 이 책은 서론에서 '자신을 알고 자신을 이끌라.'라고 말하고 있다. 자신이 무엇을 좋아하고 잘하는지를 알아야 한다. 자신이 현재 무엇에 관심을 갖고 있는가를 파악하여 자신의 현재와 내일을 이끌어야 한다.

탁구 시합에 지는 경우가 있었다. 그건 상대방의 탁구 실력이 월등히 좋아서가 아니었다. 대부분 나의 실수로 인해 지는 경우였다. 일도 그렇고 매사가 내 잘못이나 실수로 엉망이 되는 경우가 많았다. 실수를 줄이는 방법엔 여러 가지가 있다. 그중에 제일 좋은 방법은 바로 나 자신을 사랑하는 것이다. 교육을 하던 중 수강생들을 향해 말한다. 자신을 사랑하는 사람 손 들어 보라고 말이다. 나의 말에 손 드는 사람이 서너 명 정도 보인다. 그중에 자신 있게 손을 든 사람에게 묻는다. 자신을 사랑하는 것을 어떻게 증명할 수 있느냐고 말이다. 자신을 사랑하는 방법을 물으면 대답이 없다. 사실 사랑한다는 마음을 가지는 것과 그것을 누군가에게 보일 수 있도록 표현하는 것은 다르다. 자신을 사랑하는 사람들은 다음과 같은 특징을 갖고 있다.

첫째, 꿈을 설정하고 하나하나 이끌어 나간다.

자기 자신을 사랑하는 사람들은 꿈이 있다. 그들은 100세까지 자신이 해 보고 싶은 버킷리스트 100가지가 있어 더욱 행복하다. 70대의 가장 바람직한 모습이 있어 이를 달성하기 위해 노력한다. 올해 자신이 이루고 싶은 꿈이 있다면 이 꿈을 월, 주, 일 단위로 나누어 실천해 보자. 매일 해야 할 6가지를 정해 추진해 보자. 자신의 꿈이 어느새 삶을 나아가게 하는 원동력이 되어 있을 것이다.

둘째, 자신을 이해하고 도와줄 동반자의 존재를 잊지 않는다.

자신을 지지해 주는 동반자가 곁에 있다면 나 자신을 더 사랑하게 된다. 누구나 살다 보면 사는 일이 내 뜻대로 풀리지 않을 때가 있다. 누군가의 위로가 필요하고 기대고 싶을 때가 있기 마련이다. 만일 인생의 동반자가 있다면 이런 경우에 어깨에 기대 쉴 수가 있다. 보다 길고 멀리 보면서 성장을 이어갈 수 있다. 자신을 더 사랑하는 사람은 평생 함께할 동반자가 있다.

셋째, 자신에게 선물한다.

사랑하는 사람이 있다면 그 사람에게 자신의 모든 것을 다 주고 싶을 것이다. 그 사람이 좋아하는 것이라면 무조건 선물하고 싶다. 자신을 사랑하는 사람은 자신에게 선물을 보낸다. 자신이 원하는 선물을 사서 쪽지 한 장에 사랑한다는 말을 쓰고 포장해 소포로 보낸다면, 상대방이 선물을 받는다면 얼마나 기쁘겠는가? 이렇게 자신에게 매달마다 선물한다면 자신을 더욱 사랑하게 될 것이다.

넷째, 아침에 일어나 자신에게 사랑한다고 외친다.

저자는 요즘 학생들에게 말한다. 소중한 사람은 더 소중하게 간직하라고, 소중하다는 마음을 표현하라고 말이다. 아침에 일어나 거울을 보며 나 자신에게 사랑한다고 말해 줄 수 있다면 얼마나 좋겠는가. 그러면 얼마나 힘이 솟겠는가. 거울에 비친 자신을 자랑스럽게 여기고, 파이팅을 외칠 수 있다면, 그렇게 하루를 시작하면 힘이 솟지 않겠는가?

나의 경청 점수는?

· 경청하는 마음가짐이란? ·

경청이란 상대방의 말을 잘 들어주는 행위를 뜻한다. 경청이란 곧 그 사람의 마음속으로 들어가는 일이다. 그 사람의 심정과 입장에서 상황을 이해하고, 또한 그 수준에서 생각해야 한다. 아무리 내 말이 하고 싶더라도 참아야 한다. 상대의 말이 끝날 때까지 인내를 갖고 들어줘야 한다. 나보다도 상대방의 입장을 헤아리고, 상대가 원하는 말을 들려줘야 한다. 다음은 경청과 관련한 사례들이다. 함께 살펴보자.

사례 ①

당신의 성격은 매우 내성적이다. 남들 앞에 서는 것을 극도로 싫어한다. 당신은 당신의 전공을 연구하고 그 결과를 저술하는 것을 평생의 업으로 여기고 있다. 그것이 당신의 직업이며 본분이다. 집과 연구실이 삶의 전부라고 할 수 있다. 하루는 세계적인 연구기관에서 당신이 올해의 연구자로 선정되었다며 본부가 있는 뉴욕에 와서 시상식에 참석하라고 한다. 그 말을 들은 당신은 이내 곧 부담을 느낀다. 남들 앞에 서는 것이 부담스러운 당신은 연구기관에 부탁한다. 상을 소포로 자신에게 보내 달라고 말이다. 하지만 연구기관은 당신의 부탁을 곤란하게 여기며 거절한다. 그것은 여태 전례가 없는 일이라고, 시상식에 참석해서 직접 수상하지 않으면 선정을 취소하겠다는 입장을 전한다. 당신이 수상하게 된 상은 여태 거부한 사람이 한 명도 없는 세계적인 상이다. 나라와 학교의 명예를 상징하는 권위가 있는 상이라고 할 수 있다. 그런 만큼 직접 수상하러 가는 것이 옳다고 주변의 지인들은 입을 모아 당신에게 말한다. 하지만 당신의 생각은 여전하다. 끝까지 가지 않겠다고 한다. 결국 아내가 당신을 설득한다. 아내의 오랜 설득 끝에 당신은 결국 뉴욕에 가서 수상을 했다. 아내는 과연 당신에게 무슨 말을 했을까?

사례 ②

아내는 고2, 고3 두 자녀의 어머니이다. 결혼 20주년을 앞두고 있던 작년, 아내는 결혼 20주년이 되는 달에 2주에 걸친 유럽 여행을 같이 가자고 말했다. 다음 달엔 결혼기념일이 있다.

당신의 회사엔 2주간의 리프레쉬Refresh 휴가 제도가 있다. 하지만 당신은 프로젝트와 여러 선약이 잡혀 있어 아내와 함께 여행 가기가 조금 어려운 상황이다. 이 사실을 아내에게 솔직하게 이야기하면 기대에 차 있는 아내가 몹시 실망할 것이다. 그렇다고 회사 일을 잠시 미뤄두고 여행을 가자니 회사 일이 걱정된다. 주말을 끼고 4일 정도는 어떻게 시간을 낼 수 있지만, 2주는 정말 어렵다. 아내를 어떻게 설득하겠는가?

사례 ③

작년에 진급이 누락되어 불만을 품은 직원이 있었다. 금년도 자신의 목표가 과중하고, 팀원 전체가 하고 있는 월별 평가 면담이 마치 자신을 감시하는 것 같다며 그는 불만을 토로했다. 과연 그와 어떻게 면담할 것인가?

사례 ④

주말에 거실에서 텔레비전을 보며 쉬고 있었다. 그때 취업준비생인 아들이 A4용지 몇 장을 들고 와선 "아버지, 자신의 실패 사례를 1,000자 이내로 적으라고 하는데, 1,000자에는 띄어쓰기가 포함되나요?"라고 물었다. 이때 당신은 어떻게 대답하겠는가?

• 어떻게 경청할 것인가? •

경청이란 참고 듣는 행위가 아니다. 상대의 이야기 속에서 사실을 파악하고 판단해야 한다. 상대의 마음을 이해하고 해결책을 모색해야 한다. 모색한 결과가 서로에게 도움이 되도록 대화를 이끌어야 한다. 단순히 들어주기만 한다고 해서 경청했다고 할 수는 없다. 경청에도 수준이 있다. 나의 경청 수준을 진단하는 체크리스트가 있다. 다음의 20가지의 체크리스트 중 자신이 잘하고 있는 것이 16가지 이상 있다면 당신은 경청 역량이 매우 뛰어난 사람이다.

● 체크리스트 ●

① 나는 사실에 초점을 두고 상대방의 이야기를 듣는다.

② 나는 상대의 말뿐만 아니라 표정에서 상대방의 감정을 파악하기 위해 노력한다.

③ 나는 상대의 말을 되물음으로써 말의 진위를 파악하는 편이다.

④ 나는 대화를 할 때 진솔하게 임한다.

⑤ 나는 질문을 할 때 폐쇄형 질문이 아닌 개방형 질문을 사용한다.

⑥ 나는 상대의 말을 그대로 받아들이며 가능한 한 임의로 판단하려고 하지 않는다.

⑦ 나는 상대가 말을 하는데 중간에 끼어들지 않는다.

⑧ 나는 상대의 말을 끊고 내 주장을 펼치거나 미리 결론을 내지 않는다.

⑨ 나는 상대와 대화 시 충고나 조언을 함부로 하지 않는다.

⑩ 나는 대화 시, 상대의 눈을 바라보며 대화한다.

⑪ 나는 대화 시, 상대의 움직임을 살펴보는 편이다.

⑫ 나는 내 주장을 펼치기보다는 상대의 말을 들으려고 노력한다.

⑬ 나는 대화 시, 상대방 이외의 다른 사람에 대해서는 이야기하지 않는다.

⑭ 나는 사전에 상대에게 기록한다고 양해를 구하고 메모를 하는 편이다.

⑮ 나는 대화 시, 자신을 방어하려고 하기보다는 적극적으로 주장하는 편이다.

⑯ 나는 내 생각이나 주장에 대해 상대방이 어떻게 생각하고 있는지 물어본다.

⑰ 나는 상대가 이야기를 하는 동안, 내가 무슨 말을 할지 생각하지 않는 편이다.

⑱ 나는 상대의 말을 명확하게 인식하기 위해 이해하지 못한 부분은 묻는다.

⑲ 나는 상대방이 이야기할 때, 불필요한 행동을 하지 않고 바른 자세로 듣는 편이다.

⑳ 나는 상대방의 말에 고개를 끄덕이거나 적극적 추임새를 한다.

나의 인간관계 점수는?

· 나의 인간관계를 검토하라 ·

  직장의 인간관계는 매우 복잡하고 다양하다. 만약 당신이 한 조직의 장이라면 가장 중시해야 할 인간관계의 핵심은 무엇인가? 상사와의 관계일까? 동료 리더와 관계일까? 함께 일하는 조직 내 구성원과의 관계일까? 내가 인간관계의 중요성과 우선순위를 어떻게 설정하는가에 따라 존경받는 사람이 되기도 하고 때로는 아부하며 줏대 없는 사람이 되기도 한다. 다음의 인간관계 진단표를 보고, 각 문항별 10점 만점으로 총 몇 점이며, 어느 항목의 점수가 가장 높고, 어느 항목의 점수가 가장 낮은가를 확인해 보아라.

● 체크리스트 ●

① 직원의 시장 가치를 올리고 있다.

② 한 사람 한 사람에게 진정한 관심과 자율을 강조한다.

③ 상사를 이해하고 보완하고 있다.

④ 공과 사를 분명히 하고 있다.

⑤ 후계자를 조기에 선발하고 철저하게 육성한다.

⑥ 현장 업무를 통한 성장을 이끈다.

⑦ 상황에 따른 칭찬과 질책을 통해 동기부여 한다.

⑧ 도전과제를 부여하고 조금 벅차다 싶을 정도의 업무를 부여한다.

⑨ 조직의 원칙(그라운드 룰)을 정해 지키게 하고 팀워크를 우선한다.

⑩ 내·외부의 인맥 망을 구축하고 부단히 소통한다.

리더는 무엇보다 조직과 직원들의 가치를 올리는 사람이어야 한다. 항상 좋은 사람이라고 해서 뛰어난 리더가 되는 것은 아니다. 회사에서의 리더가 되기 위해선 올바른 인성만 갖고 있어서는 안 된다. 자신이 담당하고 있는 일의 전문성이 높아야 한다. 올바른 방향과 전략, 과제를 추진할 수 있는 프레임을 제시할 줄 알아야 한다. 조직과 직원들의 역량 수준을 파악하여 도전할 수준의 일을 배분하고 실행할 수 있도록 해야 한다. 단기 실적에서 벗어나 큰 그림을 그리며 길고 멀리 볼 수 있는 안목과 실력을 키워야 한다. 조직과 직원들을 성장시켜 주어진 목표 이상을 항상 달성해야 한다. 이를 위해 상사, 주변의 동료, 직원과의 관계정립이 필요하다. 원활한 소통은 기본 중에 기본이다.

내부에서 성장한 리더의 가장 큰 단점은 바로 내부지향적이라는 점이다. 인간관계의 중심이 내부지향적이기 때문에 자신의 직무와 관련된 경쟁 기업이나, 외부 전문가와의 네트워크가 매우 취약하다. 저녁이나 점심을 함께하는 사람이 전부 내부직원이다. 대화는 자연스레 회사 현황 중심으로 흐른다. 한 임원이 사업부 내의 리더들을 불러 모아 저녁 회식에 앞서 다음과 같이 당부했다. 오늘 저녁에는 절대 공장 이야기를 하지 말라고 말이다. 직원들은 하루 종일 회사에서 붙어 살고 있다. 회식자리에서도 회사 일 얘기를 한다면 얼마나 고단하겠는가. 그러니 회사 이야기를 하지 말고 개인과 주변 이야기를 하라고 했다. 하지만 막상 이야기를 하려니 서로에 대해 관심도, 아는 것도 없어 아무도 이야기하지 않았다고 한다. 이것이 바로 내부에서 성장한 리더의 한계이다. 회사가 어렵게 되면 외부 도움이 절실할 경우가 있는데, 이를 수행할 역량이 없는 경우가 많다. 이런 상황이 되면 CEO는 속이 타고 만다.

• 나만의 인간관계 원칙이 있는가? •

직장에서 임원으로 승진한 사람들은 대부분 과·차장 이상이 되면 일을 잘하는 것보다 인간관계가 좋은 사람이 승진한다는 것을 알게 된다. 문제는 인간관계를 좋게 만드는 원칙이나 구체적 내용을 모르는 경우가 많다는 것이다. 후배들에게 "무조건 좋은 사람이 되라", "항상 겸손한 자세를 잃지 말고, 상대방을 배려해라", "적을 만들지 마라" 등의 조언을 한다. 31년 동안 직장생활을 하면서 나름대로 인간관계에 관해 터득한 내용이 있다. 그것들은 일상생활에서 얻은 다음과 같은 교훈들이다.

① 지금 힘이 없는 사람이라고 해서 상대방을 우습게 보지 마라. 힘없고 어려운 사람은 백 번 도와주어라. 평판이 좋지 않은 사람은 경계하라.

② 평소에 잘해라. 평소에 쌓아 둔 공덕은 위기 때 빛을 발한다.

③ 자신의 밥값은 자신이 내고, 남의 밥값도 자신이 내라. 남이 내 주는 것을 당연하게 생각하지 마라.

④ 고맙다는 말, 미안하다는 말을 분명하게 전해라. 마음속으로 고맙다고 생각하는 것은 인사가 아니다.

⑤ 남을 도와줄 때는 화끈하게 도와줘라. 도와주는지, 안 도와주는지 흐지부지하게 굴지 마라. 도움을 주고 나서 그에 대한 대가를 바라지 마라.

⑥ 절대로 남의 험담을 하지 말고, 앞 사람과 대화할 땐 보이지 않는 사

람의 이야기를 하지 마라.

⑦ 직장 바깥사람들도 골라서 많이 사귀어라.

⑧ 불필요한 논쟁을 피하라. 지나친 고집을 부리지 마라.

⑨ 직장 돈이라고 함부로 쓰지 마라.

⑩ 가능한 한 옷을 잘 입어라. 외모는 생각보다 훨씬 중요하다.

⑪ 남의 기획을 비판하지 마라.

⑫ 조의금을 많이 내라.

⑬ 약간의 금액이라도 기부해라.

⑭ 수위, 청소부, 음식점 종업원에게 잘해라.

⑮ 옛 친구들을 챙겨라. 새 네트워크를 만드느라 가지고 있는 최고의 재산을 소홀히 하지 마라.

⑯ 너 자신을 발견하라. 일주일에 한 시간이라도 좋으니 혼자서 조용히 생각하는 시간을 가져라.

⑰ 지금 이 순간을 즐겨라. 지금 네가 살고 있는 이 순간이 네 인생의 가장 좋은 추억이다.

당신은 17개의 항목 중에 15개 이상을 실천하고 있는가? 이보다 더욱 중요한 것은 자신만의 인간관계 원칙이 있어야 한다는 점이다. 선으로 이긴다. 항상 먼저 행하고 배려한다. 뒷사람을 생각한다. '참고, 참고, 한 번 더 참는다'와 같은 자기주문이 있다면 더욱 좋을 것이다.

자신의 강점을 알자

· 과거의 이력을 잊어라 ·

70~80년대 사무직으로 직장생활을 한 분들은 한 직무에서 쭉 일하기가 쉽지 않았다. 전문가가 아닌 관리자로 성장하기 위해서는 다양한 직종의 업무를 수행하고, 폭넓은 사업과 직무경험을 쌓아 의사결정을 해야만 했다. 2~3년 동안 한 업무를 수행하고 직무순환을 통해 전혀 다른 업무를 수행하기도 했다. 누가 또 관리자나 경영자가 될지는 알 수 없다. 하지만 관리자나 경영자가 되려면 기본적으로 근면성실하고, 여건과 운이 좋아야 한다. 관리자가 되지 않은 직원들은 50세 전후로 퇴직하여 제2의 인생을 살아가야 했다. 물론 경영자가 되더라도 60세를 넘길 수는 없었다. 시대가 발전하면서도 오늘날은 100세 시대

가 되었다. 퇴직을 하고 적게는 40년, 많게는 50년을 더 살아야 한다. 때문에 일도 더 해야 한다. 문제는 어떤 일을 할지 알 수 없다는 점이다.

퇴직 전에 했던 일들은 깊이가 없다. 이력서에 학력을 차곡차곡 쌓아 올리듯이 직장에서 맡았던 직책과 승진이력, 담당했던 부서만 나열한다. 이러한 과거의 이력은 새로운 일을 하는 데 크게 도움이 되지 않는다.

• 먼저, 자신을 정확하게 파악하고 있어야 한다 •

새로운 일과 직장을 선택할 준비가 되어 있는 직장인이 그렇게 많진 않다.

살면서 30세까지는 자신이 해야 할 직업과 직장을 구하기 위해 열심히 공부했다. 사실 분명한 미션과 비전을 갖고 직업을 선택한 사람은 많지 않다. 어떤 결정적 계기에 의해 직업과 직장이 결정되었다. 과거엔 그랬다. 30세 이후부터 60세까지는 대부분 평생직장이라는 개념이 있었다. 많은 사람들이 처음 입사한 직장에서 열심히 일했다. 직장인으로 원하는 것이 있다면 좀 더 많은 보상과 보다 높은 직책으로의 승진이었다. 모두가 앞만 보고 집과 가정을 오가는 생활의 연속이었다. 그렇게 돈을 모으고 결혼을 했다. 결혼하여 아이가 태어나고, 그 아이들을 키우는 재미가 인생의 전부였다. 퇴직하는 시점까지 100세를 살아갈 준비가 되어 있지 않은 상태에서 회사를 떠나게 되었다. 준비가 되어 있지 않기 때문에 새로운 일을 선택하기가 쉽지 않다. 그러니 어떻게 하면 좋을까, 남들에게 물어도 별다른 뾰족한 방도가 생기지 않는다.

먼저 자신에 대해 알아야 한다. 자신이 정말 좋아하는 것과 잘하는 것이 무엇인지 알아야 한다. 자신의 강점과 약점을 100개씩 나열하면서 보다 명확한 강점과 약점을 파악해야 한다. 자신을 알아야 자기계발을 할 수 있다. 또한 그래야만 자신의 철학과 가치에 맞는 올바른 일을 선택할 수 있다. 직장에 있는 동안에 자신이 어떤 일을 할 때 즐겁고 의미 있었는가를 찾아보자. 퇴직했을 때 할 수 있는 일을 맡을 준비를 해야 한다. 자신을 알지 못하고 이직 준비가 되어 있지 않으면 퇴직과 동시에 언덕은 사라지고 시베리아 벌판에 홀로 서 있는 자신을 보게 될 것이다.

• 상사의 역할은 조직과 직원을 강하게 성장시키는 것이다 •

직장생활을 하다 보면 수많은 상사를 모시게 된다. 그렇게 하루하루 살다 보면 어느 순간 상사가 되어 있는 자신을 발견할 것이다. 자신을 스쳐간 상사 중에 가장 기억에 남는 상사는 누구인가? 자신에게 잘해 준 상사가 보다 기억에 오래 남을 것이다. 하지만 자신이 잘되도록 질책하고 성장하도록 이끈 상사는 더 오래 남는다. 일을 위해 모인 조직이기 때문에 일만 하도록 했고, 단기 성과만을 추구했다면 자신을 발견하고, 새로운 준비를 할 수 있는 여유가 없다. 다람쥐 쳇바퀴 돌듯 아무리 달려도 제자리인 것이다. 미래에 대한 준비를 할 역량이 되지도 않고 시간도 없다. 지친 몸으로 집에 와 쉬고 싶다는 생각밖에 없다. 유능한 상사는 조직과 직원을 성장시킨다. 이들은 기본적으로 다음 3가지 질문을 하며 자극을 준다.

첫째, 자신이 담당하는 조직과 직원들이 어떤 일을 잘하고 못하는가를 분명히 알고 피드백을 준다. 유능한 상사는 약점을 보완하기보다는 강점을 부각시켜 더욱 강하게 한다.

둘째, 조직과 직원이 일을 더 잘하고 높은 성과를 창출할 수 있도록 만드는 것이 무엇인지 고민한다. 고민 후 해답이 나오면 제시해 주기도 한다. 조직의 그라운드 룰을 만들고 개인별 특성에 맞춰 잘할 수 있는 점을 강조해준다.

셋째, 조직과 직원들이 무엇을 배워야 하는가를 제시하고 실행하도록 한다.

유능한 상사는 지시만 하지 않는다. 조직과 직원이 목표를 세우고 철저한 계획하에 실행하도록 점검하고 평가하며 피드백을 한다. 역량을 강화할 내용과 수준이 무엇이며, 어떻게 할 것인가를 구체적으로 제시하도록 하고 실행을 모니터링한다. 자신에게 주어진 하나의 업무만 잘해서는 곤란하다. 새로운 업무에 대한 준비를 철저히 하고 해내야만 한다. 가르치고 진단하며 컨설팅을 할 수 있는 수준으로 발전시켜야 한다. 만약 내 자식을 누군가에게 맡긴다면 어떤 상사에게 맡길 것인가? 자식이 가진 역량을 최대한 발휘하도록 지도하며 실행하게 하는 사람에게 맡기고 싶지 않겠는가?

Chapter 2

사람을
대하는
원 칙

왜 아무도
'노(No)'라고 못 하는가?

• 미쓰비시 자동차 사례 •

미쓰비시 자동차는 2016년 연비 조작이 발각되면서 결국 르노닛산에 매각되었다. 사실 미쓰비시는 이전에도 차량결함을 은폐하였다가 탄로 나는 바람에 회사가 휘청거린 적이 있었다. 위기에서 배우지 못하고 또 은폐를 하는 이유는 무엇일까? 2016년 연비 조작의 발단은 미쓰비시의 조직문화가 '노No'라고 말하는 것이 불가능하였기 때문이다. 시키는 것은 무조건 따라야 하는 문화였고, 왜 이것을 해야 하는가를 묻지도 못하는 문화였다. 자신에게 주어진 일은 그것이 회사에 심각한 피해를 줄 사안이어도 담당자 선에서 끝내야 한다는 의식이 강했고, 최고 경영층에게도 보고가 되지 않았다. 왜 잘못된 일을 보고하지 않겠는가? 그것은 담당자와 현장 부서에서 경영층을 신뢰하지 않기 때문 아니었을까? 문제가 발생했을 때 보고를 하면, 문제를 일으킨 담당 부서와 담당자만 책임을 져야 하는 문화라면 군이 경영층에 보고를 하지 않고 해결하려고 하거나 은폐하게 된다. 사내 비판 의식은 현저하게 떨어지고 경영층은 현장에서 무슨 일이 어떻게 돌아가고 있는지 모르기 때문에 위기에 제대로 대응할 수 없는 상황이 되고 결국은 망하기 마련이다. 조직 내 보이지 않는 관계 문화가 결국 회사를 망하게 했다.

• 회장님의 호통? •

8시에 출근하여 자리에 앉자마자 전화벨이 울린다. 8시에 무슨 전화? 잠시 망설였다가 받으니 빨리 올라오라는 회장의 호출이다. '잘못한 것도 없는데 무슨 일인지.' 조금 불안해하며 수첩을 들고 20층을 향했다. 비서의 표정이 굳어 있었다. 비서는 내게 빨리 들어가라고 한다. 회장실에 들어가 자리에 앉으니 회장이 대뜸 묻는다. "김 팀장, 임원들이 왜 목표의식도 없고 실행도 안 되며 자기주관도 없는 거야? 그 이유가 뭐라고 생각해?"라고 묻는다. 직장 생활을 하면서 이런 경우를 맞닥뜨릴 때가 가장 당혹스럽다. "무엇이 회장님을 이렇게 분노하게 하셨습니까?"라고 물었다. 그러자 회장은 임원들이 목표를 달성하겠다는 절박감과 악착같음이 없다고 답한다. 김 팀장이 가끔 임원회의에 배석하면 회장 혼자 목소리를 높이고 호통을 친다. "왜 그것밖에 못 했나?" "영업과 생산이 그렇게 협력이 안 되면 어떻게 하라는 거야. 영업의 김 전무와 생산의 이 부사장은 1주일에 몇 번 만나?" "지난주 내가 지시한 것이 왜 아직까지 보고가 안 되나?" 회장의 질책과 호통 앞에서 임원들은 그저 고개만 푹 숙이고 있을 뿐이다. 그러다가 회의가 끝난다. 이런 아쉬움과 답답함이 쌓였기 때문인가? 회장은 1달 이내에 임원들을 악착같이 변화시키라고 지시한다.

1달 안에 임원들을 변화시키는 것은 불가능하다. 하지만 그 자리에서 불가능하다고 말했다간 자신에게 불똥이 튈 것 같아 일단은 자리에서 나와 자리에 앉았다. 답답해진다. 팀원들이 한 명씩 들어오며 무슨 일이 있냐고 묻는다. 9시 반에 긴급회의를 하자고 공지하며 다시 고민에 빠진다.

· 왜 아무도 '노(No)'라고 이야기하지 못하는가? ·

김 팀장 본인조차 노발대발하는 회장에게 1달 안에 임원들을 악착같이 변화시키는 것은 불가능하다고 이야기하고 싶었지만, 차마 할 수 없었다. 회장이 회사를 창업하여 가장 많이 알고 있고, 전 임직원을 채용했기 때문에 회장의 말은 곧 법이었다. 거기에 불 같고 잘못된 것을 보지 못하는 성격이다 보니 실패라는 것을 생각하기가 어려운 분위기였다. CEO가 원인인 경우를 포함하여 많은 기업들이 '노No'라고 말하지 못하는 이유는 많을 것이다. 직장생활을 통해 느낀 점은 다음과 같다. 첫째, 임원과 팀장 등 리더들이 자신이 무엇을 해야 하는지 잘 모르고 있었다. 자기 조직의 비전과 전략을 수립하여 업무 속에 체질화해야 하는데 이런 역할이 왜 중요한지조차도 잘 모르는 리더가 있었다. 둘째, 사업의 본질과 제품의 가치사슬에 대한 이해 정도가 떨어져 타 사업본부가 말하는 것이 어떤 파급효과를 주는가를 판단할 수 없는 상황. 셋째, 전문성이 떨어져 자신이 하는 일을 왜하며 어느 수준까지 해야 하는가를 인지하지 못하는 경우. 넷째, 단기 실적에 연연하여 무조건 자기 부서 이익만 생각하는 지시일변도의 의사결정. 다섯째, 2년마다 순환보직에 따른 잦은 자리이동으로 대충 하다가 다른 곳에 가면 된다는 의식. 여섯째, 토론이 중시되지 않는 일방적 지시와 연공서열과 가부장적 직위를 강조하는 관행. 일곱째, 멀고 길게 보며 방향을 정해 주지 못하고 하는 일만 하고, 시킨 일만 하라는 리더. 여덟째, 내일에 대해서는 그 누구의 간섭을 용인하지 않고 남의 일에 대해서는 절대 이야기하지 않는다는 사내 불문율. 아홉째, 절대 실패를 용인하지 않는 문화 등이 주요 요인이었다. 이러한 요인과 내부 관계 중심으로 성장해 왔기 때문에 발생되지 않은 안 좋은 일에 대해 NO라는 말을 할 수 있는 상황이 되지 않는다고 한다.

• 어떻게 대처해야 하는가? •

김 팀장의 멘토였던 김 사장은 상사와의 의견차이가 있을 때, 일명 '3번 원칙'을 사용하라고 강조한다. 상사가 불합리한 업무 지시를 할 경우, 그 자리에서 일이 주는 중요성과 기대효과는 있음에도 그 일을 해서는 안 되는 이유에 대해 예의를 갖춰 논리적으로 설명하고 상사의 의견을 묻는다. 이때 상사가 만약 다 알고 있다며 지시한 대로 하라고 한다면 일단 그 자리에서 나온다. 그런 후 안 되는 여러 가지 이유와 실패사례를 중심으로 체계적이고 설득력 있게 자료를 작성한다. 그런 후 상사에게 재차 부당함을 강조한 후 상사의 의견을 파악한다. 이번에도 상사가 안 된다고 하면, 이 업무의 전문가 또는 이 일을 했을 때 영향을 가장 받을 리더와 함께 들어가거나 의견을 받아 안 되는 이유를 3번 정도 설명한 후 최종 의견을 듣는다고 한다. 만약 이번에도 지시대로 하라고 하면 리스크를 최소화하는 방안으로 일을 추진하되, 수시로 일의 경과와 결과를 상사에게 보고한다. 일이 잘못되었을 때에는 본인 책임으로 가져가는 것이 담당자가 일하는 방식이라고 한다. 사실 보고만 잘해도 위기에서 벗어날 수 있다.

A회사의 김 상무는 매일 자신이 느낀 하루의 시사점을 글로 적어 상사에게 보고했다. 하루도 빠지지 않고 그날의 중요 추진 내용과 시사점을 공유하다 보니 리더는 김 상무의 일을 훤히 알 수 있었고, 어느 수준에서 무엇을 하고 있는가를 인식하고 한 발 앞선 의사결정을 했다. 상대방으로부터 '노No'라는 대답을 끌

어내기 위해서는 조직과 구성원의 일에 대한 전문성이 매우 높은 수준으로 향상되어야 한다. 알아야 인식하고 주장하며 문제를 해결할 수 있다. 리더인 팀장과 임원에 대한 역할과 사업 이해 그리고 조직관리에 대한 분기별 교육을 지속적으로 가져가야 한다. 교육으로 모이면 그 가운데 소통의 부수적 효과도 가져갈 수 있다. 이것이 최고경영층의 열린 자세라고 할 수 있다. 윗사람부터 먼저 변화해야 한다. 경영자가 본을 보여 개방적 소통을 해야만 한다. 제도의 개선을 통해 실패에 대해 장려는 못 할망정 충분히 감안하여 고의적 실패가 아닌 경우에는 엄한 처벌을 해서는 곤란하다. 다름을 인정해야 한다. 각자 살아온 과정이 다르고, 역량이 다르므로 자기 수준으로 이야기하는 것이 아닌 타인의 수준으로 고려하여 일을 이끌어 가야 한다.

사업을 한다는 것은 잦은 만남과 열린 공간의 운영이다. 누구나 자유롭게 들어와 토론하고 부담 없이 나갈 수 있는 온라인 토론방과 함께 과제를 수행하는 데 도움을 구하는 집합 모임체의 활성화라고 할 수 있다. 사무국이 있어 원칙과 제도를 만들고, 점검하고 피드백도 할 수 있다. 리더와 변화전도사들을 교육하고, 잘된 사례들을 홍보해야 한다. 아무리 CEO가 관심을 갖고 있다고 해도 추진 조직이 없으면 지속하기 어렵다.

감사하는 마음이 있는가?

• 망각증 환자로 계속 살 것인가? •

대학원에 다니는 딸은 집에서 등교한다.

8시 반까지는 학교에 가야 하기 때문에 항상 6시 반에 일어나 씻고 식사를 하고 출발한다. 아침식사를 먹지 않는 요즘 젊은이들과는 다르게 딸은 매일 아침식사를 한다. 부모 입장에서는 그저 대견스러울 뿐이다. 어느 날, 아침식사를 하며 딸이 말했다. 오늘은 교수님이 저녁을 사주기로 했는데, 인도 음식이라 기대된다고. 쉽게 접하지 않는 음식이고 교수님이 산다니까 좋았나 보다. 저녁 무렵, 귀가한 딸이 오늘 저녁식사 너무 좋았고, 교수님은 정말 좋은 분이라고 한다. "무엇이 좋냐?"고 물으니 학생들에게 관심을 갖고 종종 식사를 사주며 소통하려는 모습이 좋다고 한다. 30년 가까이 매일 딸이 좋아하는 음식을 만들어 식사를 준비하는 어머니에 대한 감사는 없다. 아니 감사하지만 망각하고 있거나 표현하지 않는 것이다.

이 과장의 이번 프로젝트는 매우 중요하다. 회사에 미치는 영향도 크지만, 차장으로 승진하기 위해서는 이번 프로젝트가 성과로 이어져야 한다. 지난 10년 동안의 회사 재무 건전성을 보여줘야 하는 자료가 필요하게 되었다. 이 과장은 재무실에 가서 재무통인 김 부장에게 협조를 구했다. 이 과장의 사정을 아는 김 부장은 자신이 가지고 있는 로데이터를 중심으로 10년 동안의 회사 재무 건전성 자료를 작성해 주었다. 이 과장은 고맙다는 말을 했다. 2개월 후, 이 과장의 프로젝트는 성공리에 마무리되었고, 여러 이유로 금번 12월 연말 평가에 최상급인 S등급의 고과를 이 과장이 받게 되었다. 하지만, 2월 승진 심사에서 이 과장은 차장으로 승진하지 못하고 탈락되었다. 성과 점수는 1등이었지만, 대인관계 점수와 평판에서 가장 낮은 점수와 피드백을 받았기 때문이다.

정 부장은 20년간 직장생활을 하면서 단 한 번도 지각을 하지 않았다. 그 어떠한 모임이나 보고에 늦은 적이 없는 매우 성실한 사람이다. 자신에게 주어진 일은 무슨 일이 있더라도 기한 안에 마무리했으며, 회사의 규칙을 어긴 적이 없다. 하지만, 혼자 일하기를 좋아하고 전체 회식이 아니면 개인적인 회식이나 모임에 참석하는 일이 없었다. 홍 실장은 후계자로 정 부장을 생각하였다. 정 부장에게 도전적인 프로젝트와 타 부서 상사와의 관계 정립을 위해 함께 회식 자리에 참석하도록 했다. 정 부장은 다소 과도한 과제로 몸이 피곤했고, 의미 없는 자리에 참석하여 좋아하지도 않는 술을 마시는 것은 더더욱 싫어했다. 하지만 자신을 배려해 주는 실장을 생각하여 참석했다. 결국 홍 실장이 자회사 CEO로 자리를 옮겼고, 실장 자리에 정 부장이 승진·임명되었다. 정 부장은 자신이 실장이 된 데에는 홍 실장의 도움이 컸다는 사실을 알고 있었다. 하지만 업무에 바빠 감사하는 마음을 표현하지 못하였다. 그로부터 1년이 지나 자회사 CEO인 홍 사장이 본사 사장으로 선임되었고, 정 실장은 자회사로 자리를 옮기게 되었다. 좌천이 된 것이다. 관계의 시작은 감사한 마음만 간직하지 말고 그를 적극 표현함에 있다는 것을 경시한 결과다.

· 있을 때 잘해야 한다 ·

직장생활 중에 많이 듣던 말이 있다.

"있을 때 잘해.", "이 또한 지나간다.", "세상에 공짜는 없다." 이다. '있을 때 잘해'는 A선배가 즐겨 쓰던 말이다. 지방대 출신인 선배는 자신을 제외한 선배와 동료, 후배 모두가 서울에 위치한 대학 출신이라 이 부분 때문에 스트레스가 심했다. 팀장으로 있던 A선배는 결국 임원이 되지 못하고 정년퇴직을 앞두게 되었다. 저녁을 함께하면서 있을 때 잘하라는 말을 한다. 자신이 이 회사에 입사하여 33년 동안 이렇게 근무하고 정년을 맞이할 수 있게 된 것도 사실은 있는 자리에서 할 수 있는 한 도와줬기 때문이라고 한다.

사람은 망각의 동물이다. 하지만 한 치 앞을 내다보지도 못하는 동물이기도 하다. 오늘의 기쁜 일이 내일의 최악의 일이 될 수도 있다. 주변 사람으로부터 인심을 잃으면 긴급한 일이 발생하였을 때 도움을 받을 수 없다. A연구소는 국내에서 가장 뛰어난 인재들이 근무하는 곳이다. 급여 수준뿐 아니라 연구원 전체에게 독립된 방이 제공되는 높은 수준의 근무 환경, 그룹에서 최고 수준의 복리 후생, 자유롭게 연구할 수 있는 제도 등 최고의 직장이다. 이곳에서 근무하던 김선임 연구원은 퇴직을 하고 공장 연구개발팀장으로 자리를 옮겼다. 혼자 일하다가 10여 명과 함께 현장 중심의 대책 마련으로 매일 일 속에 파묻혀 지내게 되었다. 일을 시작한 지 3개월이 채 되기도 전에 김 팀장은 A연구소에 근무했을 때를 그리워했다. 하지만 이미 떠난 연구소에서는 김 팀장의 복귀를 원하는 사람은 한 명도 없었다.

퇴직 후 길에서 우연히 후배와 마주치게 되었다고 하자. 후배가 어떻게 행동하는가에 따라 기분은 달라질 것이다. 후배가 매우 반가워하며 안부를 묻고 식사를 함께하자고 하면 매우 기쁘고 흐뭇할 것이다. 하지만 못 본 척하거나 알면서도 가볍게 목례와 "안녕하세요" 정도의 짧은 인사말만 하고 스쳐 지나가면 당연하다고 생각하면서도 한편으론 서운하고 씁쓸할 것이다. 지금 있는 그 자리에서 만나는 모든 사람에게 도움이 되는 사람으로 기억되어야 한다. 평소에 잘한다는 말을 행하기는 쉽지 않지만, 이것이 인간관계의 기본 중의 기본임을 알고 노력해야 한다.

· 관심 있는 것만 보인다 ·

고은 시인의 시 중의 한 구절이 떠오른다. '내려갈 때 보았네. 올라갈 때 보지 못한 그 꽃' 그의 시 '그 꽃'에서 등장하는 구절이다. 올라갈 때 그 꽃을 보지 못한 이유가 무엇일까? 정상에 오르겠다는 생각으로 가득 찬 나머지 오르는 것에만 관심을 가진 것은 아닐까? 내려갈 때는 이미 성취해 여유가 있고, 시선이 발끝에 있으니 보이게 되었을 것이다. 6년 넘게 출근한 길모퉁이의 노란 야생화를 바라본다. 한 번도 본 적이 없었는데, 왜 퇴직하며 떠나는 그날에 보였는지 모른다. 그동안 출퇴근한 건물의 벽에 걸린 그림을 본다. 건물과 함께 그 자리를 지켰는데 슬픈 눈으로 바라보니 그림이 어둡다. 식당을 향해 걸어간다. 길가의 돌들이 가지런히 놓여 있다. 누가 이 돌을 왜 이렇게 놓았을까? 벚꽃나무 아래 이름 없는 풀들. 자연은 이미 오래전부터 그 자리에 있었는데, 이루고자 하는 목표만 생각하고 생활했기에 보이는 것만 보였고 그것만 생각했다. 이제 다 내려놓고 텅 빈 마음으로 주변을 보니 소중하다고 생각하고 추구했던 그 무엇은 보이지 않고, 손을 잡아주는 사람들의 정이 보인다. 길가의 노란 꽃들과 이름 모를 풀들이 보이고, 들고양이의 울음소리, 이름 모를 새들의 노랫소리가 들린다. 사람 관계도 그렇다. 잘나가고 있을 때에는 보이지 않던 것이 다 내려놓았을 때에야 비로소 보이곤 한다. 때로는 관심 있는 것만 보지 말고, 잊혀진 것들에 대해 귀 기울여 보기도 하자.

· 상대방에 대한 관심과 진정성을 가져라 ·

30년 넘게 시어머니를 봉양한 며느리가 있었다. 이 며느리는 주변의 온갖 이야기에도 굽히지 않고 시어머니 모시는 일을 당연하다고 생각했다. 봉양하는 일에 대해 조금의 불만도 없었다. 하지만 시어머니는 이런 며느리의 심정을 모르는 듯했다. 며느리에 대한 칭찬은 거의 없었다. 하루는 90세가 넘은 시어머니가 부엌에 들어갔는데, 고양이가 부엌에 들어온 쥐를 물고 나가는 장면을 목격했다. 시어머니는 식구들이 다 모인 곳에서 고양이 칭찬을 했다. 며느리는 30년 넘게 시어머니를 모셔왔지만 칭찬을 들은 적은 없었다. 그런데 고작 쥐 한 마리 잡은 고양이에게 그토록 칭찬이라니. 며느리는 시어머니에게 섭섭한 마음이 들었다.

• 사람을 대하는 원칙이 있는가? •

어느 은행에 가니 '모든 고객을 사랑하고, 표현하자'는 구호가 있었다. 누군가에게 표현의 의미가 무엇이냐고 물으니, 마음속에만 고이 간직하지 말고 밖으로 표출해야 하는 것이라고 말한다.

지금까지 태어나 성장하면서 자신에게 영향을 준 소중한 사람 5명을 선정하라고 하면 어떤 대답들이 등장할까? 종이를 주고 5명을 적으라고 하면 연령대에 따라 다르겠지만, 통상 직장인이라면, 아버지, 어머니, 선생님, 친구, 선배 또는 상사를 적을 것이다. 이 5명에게 지금까지 어떻게 대했는가를 떠올려 보라. 70억이 넘는 인구 중에 5명은 매우 소중한 사람이다. 문제는 이렇게 소중한 사람에게 한 달 동안 전화 한 번 하지 않았거나, 1년 넘게 만난 적이 없는 경우도 있다는 사실이다. 5명을 다 기록한 사람에게 "5명 중에 2명을 지운다면 누구냐?"라고 물으면 대부분의 사람들이 선배 또는 상사, 친구, 선생님을 지울 것이다. 같은 방법으로 1명씩 지워 나간다면 마지막 1명은 누구일까? 이 사람에게도 어쩌면 한 달 동안 만남도 연락도 없는 것은 아닐까?

살아가면서 이런 원칙을 갖게 된다면 어떨까? 첫째, 소중한 사람을 마음에 간직하고 있는 것은 중요하다. 그러나 더 중요한 것은 소중한 사람에게 적극적으로 표현하는 것이다. 둘째, 내 마음속의 소중한 사람도 중요하지만, 더 중요한 것은 그들 마음속에 소중한 사람으로 간직되는 존재가 되는 것이다. 셋째, 열 사람의 우군을 만드는 것도 중요하지만, 한 사람의 적을 만들어서도 안 된다. 넷째, 주고받는 관계가 아닌 주고, 주고 또 주는 관계가 되어라.

사람을 대할 땐 항상 상대방에 대한 관심과 진정성을 갖고 대하고, 표현해야 한다. 직장에서 후배들이 가장 존경하는 선배나 상사는 누구인가. 자기 자신에게 관심을 갖고 진정으로 자신을 키워 준 선배와 상사일 것이다. 리더들에게 물어봤다. "가장 좋아하는 직원이 있다면 누구냐?" 대부분의 리더들은 "자신의 말을 잘 듣고 따르며 주도적으로 높은 성과를 창출하는 사람"이라고 답했다. 하지만 술자리에서 물어보면 이렇게 답하곤 한다. "자신에게 자주 찾아와 잘해주는 직원을 가장 좋아한다."고 말이다. 누구나 자신에게 진정성을 갖고 잘해 주는 사람을 좋아하게 되어 있다. 결국 사람을 대하는 마음가짐은 상대방에 대한 감사와 관심 아닐까?

· 길고 멀리 보아야 한다 ·

삶에 대한 자신만의 철학이나 원칙이 있는가? 먼지만 날리는 광야를 보는 두 사람의 생각은 서로 다르다. 한 명은 화려한 복합 레저타운으로 변한 광야를 생각하고, 다른 한 명은 쓸모없는 땅이라며 포기하고 자리를 떠난다. 비전과 전략, 자신의 철학과 원칙이 있으면 역사를 새롭게 쓸 수 있다. 일본 경영 구루로 칭송을 받고 있는 이나모리 가즈오는 다음과 같은 자신만의 경영

원칙 12가지를 제시한다.

① 사업의 목적과 의의를 명확하게 하라.

② 구체적인 목표를 세워라.

③ 강렬한 소망을 마음에 품어라.

④ 항상 밝고 긍정적으로 노력하라.

⑤ 매출은 최대로 늘리고, 비용은 최소화하라.

⑥ 가격 결정은 곧 경영임을 명심하라.

⑦ 경영은 강한 의지로 결정됨을 기억하라.

⑧ 불타는 투혼을 발휘하라.

⑨ 용기를 가지고 포기하지 마라.

⑩ 항상 창의적으로 일하라.

⑪ 상대를 배려하는 마음으로 성실하게 임하라.

⑫ 꿈과 희망을 품고 늘 정직해라.

길고 멀리 보아야 한다. 단기적 실적이나 관계를 생각하여 처신한다면, 성과와 관계가 오래가지 않는다. 회사를 떠나면 모든 것이 바로 잊혀진다. 그러나 보다 길고 멀리 보면 당장은 손해를 볼지 몰라도 장기적으로 보면 성장하고 끈이 이어져 돈독한 관계로 남게 된다. 이나모리 가즈오 회장이 강조한 배려와 성실, 정직한 마음은 살아가면서 매우 중요한 가치이다. 지금 자신의 존재 의미를 알고, 이루고 싶은 구체적 목표와 원칙을 갖고 혼자가 아닌 함께 혼신의 힘을 다하고 있는가?

나만 괜찮으면 될까?

• 나만이 아닌 모두가 회사의 주인이다 •

사원 시절, 보고서 작성을 하는데 선배가 조언했다.

"보고서는 자신에게 유리한 바를 적는 거야. 굳이 말할 필요가 없는 것은 적지 말고, 자기에게 유리한 자료는 부각시켜 자신이 하고 싶은 것을 할 수 있게 작성해라."

당시에는 맞는 말처럼 들렸다. 하지만 시간이 지나면서 깨닫게 되었다. 회사는 개인과 집단의 이기를 추구하면 망하게 된다는 사실을 말이다. 이기심은 반드시 왜곡되어 발생한다. 직원이 50페이지의 보고서를 가지고 와 결재를 해달라고 한다. 보고서를 읽기 전 저자는 직원에게 물었다. "이 과장, 이 보고서를 통해 얻고자 하는 바가 무엇인가요?" 대답이 없어 다시 물었다.

"이 보고서대로 하면 회사에 어떤 성과가 있나요?" 역시 대답이 없었다. 저자는 그에게 보고서를 갖고 가라고 했다. 며칠 후, CEO가 부른다.

"직원이 보고서를 올려도 보지 않고 가져가라고 하는 것은 옳지 않지 않습니까?"

직원에게 안 보고 가져가라고 한 것은 맞지만, 과정이 생략되었다. 더 실망스러운 것은 서운한 부분이 있으면 직접 와서 말하지 않고, 대신 CEO에게 전달했다는 점이다. 도산한 기업의 A 사장이 방송과 인터뷰를 했다. 기업을 살리려는 사장의 노력과 희생에 관한 질문은 없고 망한 원인과 사장의 잘못만 부각되어 마음이 아팠다고 한다.

직원들이 상사나 주변 사람들의 마음가짐이나 언행을 보며 배운다는 생각이 중요하다. 남에 대한 배려가 없이 나만 괜찮으면 된다는 사고는 결국 전부를 더 힘들게 하고 자신도 망하게 하는 것 아닐까?

· 나무에게도 아픔이 있다 ·

인도네시아 출장을 다녀왔다. 일정 중 직장 생활 초기에 큰 가르침을 준 선배를 만났다. 선배는 이제 60세가 넘었지만, 여전히 활력에 찬 생활을 하고 있었다. 식사를 하면서 10년 넘게 나무들과 함께 생활하니, 나무도 스트레스를 받고 아파한다고 한다. "아니 스트레스를 어떻게 받으면 변화가 일어나냐?"고 물었다. 선배는 환경(특히 강수량)의 변화가 생기거나 주변에 같은 종이 많거나, 좁게 심어 다른 나무와 부딪치게 되면 엄청 스트레스를 받고, 그 결과 성장을 멈추거나 열매가 매우 부실해진다고 말했다.

많은 직원들이 스트레스를 받으며 아파한다. 다양한 스트레스 요인이 있지만, 나무처럼 견뎌내야만 한다면 많이 아프고 힘들 것이다. 그 결과 역량이 향상되지도 못하고 성과도 미미할 것이다. 이렇게 성장도 안 되고 성과도 미미한 것이 지속된다면 기업이 가만있지 않을 것이다. 본인의 극복하려는 노력이 중요하다. 즐기는 마음가짐을 갖고 스트레스를 수용하는 직원, 더 큰 목표를 설정하고 악착같이 이끄는 직원이 큰 인재가 되지 않을까? 두 팔 벌려 아픔을 이겨낸 큰 나무를 안아 보았다.

내려놓으면 보이는 것들

· 관심 있는 것만 보인다고 한다 ·

일에 몰입되어 있을 때에는 일만 생각하고 빨리 마무리해야 한다는 생각에 주변의 변화를 읽지 못한다. 바쁠 때에는 누가 무슨 말을 하고, 어떻게 되었는지 관심을 가질 수 없다. 이럴 경우엔 뒷담화나 시시콜콜한 주변 이야기에 둔감해질 수 있다는 장점이 있다. 하지만 더불어 함께 살아가는 세상에서 지치고 힘들어하며 어려운 이웃을 보지 못한다는 단점도 있다.

항상 바쁜 것은 아니다. 어느 날, 지친 몸을 내려놓고 여행을 떠나기도 한다. 항상 곱기만 했던 아내의 주름과 거친 손이 보이며, 길가의 들꽃과 바람의 상쾌함 등 자연의 변화가 보인다. 일을 할 때에는 그 일이 전부라고 생각했다. 하지만 시간이 지나고 나니 나만의 성찰, 선배와 상사의 말씀, 한 줄의 글이 살아가는데 더 많은 도움이 된다.

　내려놓을 수 있다는 것, 비울 수 있다는 것은 또 다른 그 무엇을 채울 수 있다는 말이다. 그렇다면 무엇을 채워야 할까? 주변에 대한 관심과 배려로 채워져야 한다. 그것이 인생인 듯하다. 이래서 하루 10분은 자신만의 성찰시간으로 가지라는 말이 있나 보다.

· 마음이 아닌 가슴으로 보아라 ·

　리더십 진단과 직원과의 인터뷰에서 권위적이라는 평판을 받은 임원이 있었다. 해당 임원은 자신에 대한 평판이 권위적이라는 말을 듣고 충격을 받았다며 면담을 하러 왔다. "홍 원장님, 나는 원칙을 가지고 아닌 것은 아니라고 했고, 직원들이 지각을 하는 등 기본을 지키지 않았을 때 야단을 쳤는데 그것이 권위적인가요?" 직원 10명을 대상으로 리더십 진단을 했는데 A상무와 근무하고 싶다는 직원은 단 3명뿐이었다. A상무는 보수적이고 안정적인 회사에서 사내 정치를 하지 않고 개선과 혁신을 부르짖는 독보적인 임원이었다. "지금 이대로 편하게 생활하는 것은 한계가 있다. 퇴직 후에 지금의 연봉 절반을 받을 수 있는 사람은 이 상태라면 한 명도 없다. 회사도 역량과 성과가 없는 직원을 정년퇴직까지 함께 데리고 가진 않는다. 지금 자신의 경쟁력을 냉정하게 인식하고 언제 어느 곳에 갈 수 있을 정도의 경쟁을 갖추라.”라고 다그친다. 말로만 끝내는 것이 아닌 개개인을 불러 그 해의 역량육성계획을 작성하게 하고 월별 면담을 통해 노력했던 실적들과 다음 달 계획을 챙겼다. 직원들 사이에선 일도 바쁜데 1주일에 책 1권을 읽고 정리하고, 일의 매뉴얼을 만들고, 외부 전문가를 면담하고 이를 정리해 공유하는 일을 부담스럽게 여겼다. A상무는 직원의 불만을 알지만 이렇게 하는 것이 옳다고 믿었기에 강행하였고, 그 결과가 리더십 진단이었다.

B상무는 직원들로부터 존경하는 상사, 롤모델이라는 말을 자주 듣는다.

B상무는 불 같은 성격이라 사장의 지시는 그날 마무리되어야 하며, 긴 시간을 요하는 과제는 그날 스케치페이퍼라도 사장에게 보고해야만 한다. B상무는 성격이 급한 탓에 ‘빨리빨리’가 항상 입에 붙어 있고, 자기 자리가 아닌 직원을 찾아가 일의 진행 상태를 점검하고 독촉한다. 일의 추진이 늦어지면 심하게 소리 지르고, 때로는 분노하기도 한다. 그래도 직원들은 “우리 실장님 최고”라고 한다. 때로는 자신도 실장님처럼 조직을 이끌고 싶다고 말한다.

• 무슨 차이가 있을까? •

직장인 대부분이 직장생활은 계약관계이고, 일을 처리함에 있어 합리적이고 논리적으로 판단하고 실행하라는 수많은 말을 들어왔기 때문에 머리로 판단하는 경향이 강하다. 이런 사례가 있을 수 있다. 선배로부터 배운 것이 일하는 방식의 전부인 사람이 있다. 그에게 있어서 자신을 성공으로 이끈 경험이나 방법은 의사결정이나 행동을 취하는 하나의 원칙이 되어 버렸다. 자신의 관점에서 판단하도록 길들여졌기 때문에 항상 자기중심으로 판단하였고, 상대의 입장에서 그의 심정으로 그가 원하는 말을 한 적이 없다. 나라면 어떻게 할 것인가만 고민했기 때문에 상대가 어떻게 할 것이며, 그의 역량 수준에 대해 생각해 본 적이 없다. 지각한 직원이 있으면 직장인으로서 기본이 안 됐다는 생각에 늦은 결과에 대해 질책만 했지, 왜 늦게 되었는지, 무슨 일이 있는지 하고 묻는 것을 꺼렸다. 신입사원이나 대리 시절에 엄한 상사의 강한 지도를 받아왔기 때문에 편하게 해 주는 좋은 상사가 되겠다는 생각에 화나는 일이 있어도 참아왔다. 아니다 싶은 일도 눈감아 준 적이 한두 번이 아니었다. 그런데도 직원들은 자신의 잘못은 깨닫지 못하고 불평하는 모습에 서운해한다. 무엇이 잘못일까?

직원뿐 아니라 최고경영자도
· 자신을 위해 주는 사람을 더 좋아한다 ·

원장으로 재직할 때, A대리는 아침에 노크를 하고 들어와 손

바닥을 펼치며 하이파이브를 외치곤 했다. 매일 10시 전후로 그는 자신이 해야 할 일을 가볍게 이야기한다. 11시 50분이면 어김없이 와서 점심을 함께하겠다고 한다. 인재원이기 때문에 식당에 가서 그냥 식사하면 되는데 꼭 시간이 되면 함께하자고 한다. 여름철 오후 3시가 되면 아이스크림이나 커피 한 잔을 하자고, 퇴근할 무렵이면 자신은 8시까지 근무하며 사무실을 지킬 것이니 퇴근하라고 한다.

손은 안쪽으로 굽는 법이다. 진정으로 나를 위해준다는 감정을 느끼면 그 어떠한 무리한 요청과 언행이더라도 거부감이 들지 않는다. 하지만 공감대가 형성되어 있지 않은 상태에서 무리한 요청을 하면 그냥 싫다. 결국 인간관계는 저 사람이 나를 진정으로 위해주고 있다는 믿음을 전제로 시작된다. 저 사람이 하는 말을 듣고 그냥 기쁘다면 더 이상 무엇이 필요하겠는가?

• 존경받는 상사는 항상 자신보다 상대를 생각한다 •

머리로 상대방을 판단하고 이끌면 정을 느끼기가 어렵다. 만약 자신이 처한 어려운 문제를 상사가 해결해준다면 당신은 상사를 두고 내심 생각할 것이다. '그냥 상사가 아니네, 나보다 정말 뛰어나다.'고 말이다. 하지만 이러한 떠먹여주기 식의 지도가 계속된다면 당신은 어느 순간부터인가 스스로가 무능하게 여겨질 것이다. 또한 어느새 서서히 주눅 들고 말 것이다. 때문에 아랫직원의 일을 항상 해결해주기만 해선 안 된다. 어느 순간에는 직원 스스로 해결할 수 있도록 지켜보는 것이 필요하며, 효과적인 방법이 아니더라도 자율적이고 주도적으로 본인이 이끌도록 기다려줘야 한다. 고기를 잡아주기보다는 고기 잡는 방법을 알려 주고 기다리는 것이다. 상사는 부하가 자신을 인정하고 일하는 방식과 성과를 내는 방법뿐 아니라 인생을 지혜롭게 살아가는 원칙을 알려주고 있다는 생각이 들도록 자주 표현해야 한다. "A과장은 내가 지금껏 만난 수많은 직원들 중에서 가장 도전적이고 악착같이 실행하는 뛰어난 인재야. 나는 A과장이 팀장이 될 것이라 확신해. 함께 근무하는 동안 내가 A과장을 도와주고 싶은데 괜찮겠어? 조금 무리한 도전과제를 부과하더라도 참고 한번 이끌어 봐. A과장은 좋은 성과를 창출할 것이라 믿어." 표현하지 않고 마음으로만 간직하면서 도전과제를 부여하면 우수한 직원들도 한 명씩 떠난다. 이들은 겉으로 표현하진 않을지라도 마음속으로는 '왜 나만 미워하나?' 하고 생각할 것이다.

직원들로부터 존경받는 상사는 직원이 간절히 원하는 결정적인 순간에 도움을 준다. 승진 심사하는 시점에 다다라서야 직원에게 도움을 주는 상사는 지혜롭지 못하다. 만약 다음 해가 결정적인 시기라면, 올해에 승진시킬 직원에게 남들과 차별화된 성과를 낼 수 있도록 과제를 주고 노력하게 만들어야 한다. 회사 내부의 중요한 위치에 있는 사람들과 자주 마주칠 수 있는 자리를 만들어야 한다. 내부 직원들의 적극적 협력을 이끌어야 한다. 승진자가 결정된 후에도 뒷말이 나오지 않게 해야 한다. 될 사람이 마땅히 되었다는 평판이 나올 수 있도록 말이다. 불공정하다는 인식을 심어줘서는 곤란하다. 직원의 가려운 곳이 어딘지 알고 사전에 조치하며, 직원의 마음을 훔칠 수 있는 사람이 곧 존경받는 상사이다.

· 모래와 바위 ·

어릴 적 사람관계를 비유할 때 모래와 바위에 빗대곤 했다. 내가 남에게 잘한 것과 남이 나에게 잘못한 것은 모래에 새기고, 내가 남에게 잘못한 것과 남이 나에게 잘한 것은 바위에 새기라고 했다. 그 당시에는 좋은 말이라고 생각했다. 그러다가 잠시 잊고 지냈다. 이후로 직장생활을 하면서 이 말의 의미를 깊이 되새기게 되었다.

말에 의한 상처는 오래 가는 법이다. 인간관계에서 종종 말 때문에 오해를 빚기도 한다. 그런 경우엔 힘들다. 이런 상황이 되면 교훈보다도 그냥 위로를 받고 싶다. 직장생활을 하다 보면 알게 된다. 상대방에게 좋은 말만 하는 게 쉽지 않다는 것을 말이다. 화가 나면 감정에 못 이긴 나머지 말실수를 할 수도 있고, 말을 정제하기가 도무지 쉽지 않다. 사람인지라 분에 못 이겨 나온 말이 상대에게는 커다란 충격이 되기도 한다. 그렇게 화를 내던 사람도 언젠간 흥분이 가라앉기 마련이다. 흥분이 가라앉고

나면 자신이 화날 때 무슨 말을 했는지 까맣게 잊어버린다. 혹여 기억이라도 나면 상대방에게 미안하다고 사과하고 잊어버린다.

그러나 이미 상처를 입은 사람은 그 상처가 아물 때까지 시간이 오래 걸린다. 어쩌면 상처가 아물지 않을 수도 있다. 그보다 더 심각한 것은 자신이 상대방에게 알지 못하는 상처를 주었을 때이다.

정작 상처를 준 사람은 자신은 무슨 말을 했는지 기억조차 못한다. 하지만 상처를 받은 사람은 깊이 간직한다. 상처받은 사람이 함께 생활하는 내성적 사람이라면 어떻겠는가. 내가 웃고 다니는 것을 어떻게 생각하겠는가? 자신은 큰 상처를 받아 마음이 아픈데, 상처를 준 사람은 웃고 다니니 화가 더 날 것이다.

살면서 남이 나에게 10번을 잘하고 단 1번 잘못했다면, 단 한 번의 잘못은 생각도 하지 말아야 한다. 하지만 현실은 단 1번의 잘못만 기억한다. 선배, 동료이니까 잘해준 일은 그저 당연하다고 생각한다. 남이 나에게 잘못한 일이라면 모래에 새길 것을 바위에 새기는 우를 범하고 있지 않나 항상 돌아봐야 한다.

· 관계의 원칙 ·

새벽 공원을 산책하다 보면 낯익은 분들을 마주치게 된다. 공동의 목적을 위해 같은 공간에서 함께 일하는 사이가 아닌, 지하철과 버스 안에서 우연히 매일 한 번 이상 만나는 사람이 있다면 눈이 마주쳤을 때 어떻게 하는가? 아무런 표정과 말 없이 그저 스쳐 지나가지 않는가?

직장생활을 할 때도 그렇다. 같은 층에 근무하면서 한 달 동안 한 번도 이야기를 나누지 않은 직원은 없는가? 아침 출근 시, 출입문을 열고 들어오면서 누구와도 눈을 마주치지 않고 '안녕하세요.' 하고 기계적으로 인사하지는 않는가? 심한 경우, 하루 종일 한 마디도 하지 않고 퇴근한 날이 있지 않는가? 이런 생활이 지속되면 어느 순간, 내가 지금 여기서 무엇을 하고 있는가, 이렇게 사는 것이 과연 옳은 것인가 하는 자문을 하게 된다. 사회는 더불어 함께 살아가는 곳이다. 어떻게 하면 보다 더 즐겁고 사람답게 살 수 있을까? 사람과의 관계가 더욱 소중한 요즘이다. 강의를 하면서 앞에서 설명한 4가지를 강조한다. 첫째, 소중한 사람은 간직만 하지 말고 적극적으로 표현해라. 둘째, 소중한 사람을 간직하기 위해 노력하기보다 그들의 마음속에 간직되도록 노력해라. 셋째, 열 명의 우군을 만드는 것도 중요하지만, 한 명의 적을 만들지 마라. 넷째, 그 사람이 곁에 있을 때 베풀어라.

사실, 사람관계에 있어 가장 힘든 부분이 바로 언행이다. 평소에 불만과 짜증이 많고 타인의 흉을 보는 사람은 자연스레 싫어지는 법이다. 그러니 언어습관을 바꿔 보자. 긍정적이고 신중하며 힘을 솟게 하는 품격을 가진 말을 사용해야 한다. 향기 있는 사람이 되도록 말하는 것이 중요하다.

• 사랑받는 사람 •

버스에 올라탄 후 지갑을 가져오지 않았다는 사실을 깨닫고 당황하시는 분이 있었다. 그 모습을 지켜보고 있던 한 학생이 그분에게 다가가 대신 계산을 해준다. 많은 사람들이 길가의 오물을 피해 가는데 한 젊은 여인이 그 오물을 검은 봉지에 담아간다. 불편한 몸으로 계단을 오르시는 어르신을 보고 달려가 손을 부축해 주는 젊은이도 있다. 외로운 사람에게 자주 찾아가 이런저런 이야기를 나누며 말동무가 되어주는 학생들이 있다. 세상엔 우리가 알지 못하지만 가슴 따뜻한 사람들이 많다. 이들과 같이 따뜻한 사람들에게는 특징이 있다. 첫째, 자신을 희생할 줄을 안다. 그냥 지나칠 수도 있지만, 귀찮고 짜증나는 일이 될 수도 있지만, 그것이 보다 옳은 일이라면 즐겁게 그 일을 한다. 둘째, 베푸는 마음만 있고 그에 대해 뭔가를 기대하는 마음이 없다. 이들은 "내가 너를 사랑했는데, 너는 왜 나를 사랑하지 않느냐?"고 묻지 않는다. 도와준 것에 만족하고, 남이 자신을 도와주지 않았을 때 실망하거나 화내지 않는다. 기대하는 마음이 없기 때문이다. 생각해 봐라. 내가 장미를 좋아한다고 해서 장미에게 나를 좋아하라고 할 수 있겠는가? 셋째, 항상 밝은 모습에 여유가 있다. 옆에만 있어도 좋은 사람이 있다. 항상 따스한 정이 느껴지며 생각만 해도 흐뭇해지는 사람이다. 멋이 느껴진다. 가만 생각하면 이들은 항상 긍정적이었고 여유가 있었다. 잔잔한 향이 느껴졌다.

· 사심을 버려라 ·

저가 항공사인 A기업을 컨설팅할 때의 일이다. 회사가 어려운 상황이었기 때문에 인사팀에서는 "추가근무를 하려면 반드시 본부장의 허락을 득하고 긴급하지 않은 추가근무는 점검 후 조치하겠다."는 업무연락을 보냈다. 오후 5시, 정비팀에 4시간 정도 정비해야 할 비행기가 도착했다. 정비팀원들은 빨리 정비하자고 하였으나, 회사 방침도 있어 팀장에게 고장의 원인과 4시간 정도 추가 근무를 신청하였다. 정비 팀장은 "내일 아침에 정비하고 퇴근하라."고 말하고 잠시 후 퇴근했다. 화학 회사인 B기업은 대부분의 부품을 국내 협력업체에서 조달 받는다. 성능이 좋고 저렴한 부품을 생산하는 외국기업을 B기업의 구매 담당자는 알고 있다. 하지만, 그룹의 협력업체이고 이 회사의 사장과 임원 중 몇 명은 과거 B기업 출신이다. 구매 담당자는 이러한 사실을 상사에게 보고하지도 못하고 지금까지의 관계 때문에 국내 협력업체에 부품을 주문한다.

C회사의 재무본부장은 중요한 업무는 직접 담당한다. 팀원을 직접 불러 일을 지시하고 보고받는다. 팀장들은 부가가치가 낮은 업무를 담당하게 하고, 역량이 떨어진다며 2~3년만 되면 타부서 팀장과 교체한다. C회사의 CEO는 재무본부장을 없어서는 안 되는 핵심인재라고 생각한다. 조직과 개인이 회사에 사심이 있으면, 회사는 망해가고 인재는 떠나게 된다.

세상에 공짜는 없다

· 상대방이 밥을 샀다면 커피를 대접하라 ·

직장 선배는 "세상에 공짜는 없다."고 자주 강조했다. 누가 너에게 점심을 샀다면 반드시 커피 한 잔이라도 대접하라고 했다. 경영활동에는 비용이 발생한다. 만일 어떤 제품이나 서비스의 질은 좋은데 지나치게 싸다면, 누군가는 그 비용을 부담하게 되어 있다. 예를 들어, 병원 치료비가 지나치게 싸다면 어떤 일이 발생하겠는가? 조금이라도 몸이 이상하면 병원을 찾을 것이다. 병원은 보험처리하면 되니까 불필요한 약을 처방할 것이고, 보험료를 세금으로 메우거나 올리게 된다. 결국 언젠가는 국민 모두가 이 비용을 지불하게 된다. 나만 아니면 된다는 식의 도덕적 해이, 전체를 생각하지 않는 이기적인 행동의 결과는 모든 사람의 피해로 이어진다. 주말에 국도는 여유가 있는데 고속도로는 정체가 심하다. 고속도로 통행료가 고정되어 있는 것보다 주말 이용료와 혼잡한 시간대 사용료를 크게 올리면 어떤 문제가 발생할까? 만약 고속도로 사용료를 공짜로 정한다면 어떤 일이 발생할까? 공짜이지만 막히는 도로가 있고, 저렴하고 잘 빠지는 고속도로가 있다고 해 보자. 당신이라면 둘 중에 어떤 것을 선택할 것인가? 중요한 것은 공짜이면서 잘 빠지는 고속도로는 없다는 것이다. 세상에 공짜는 없다. 단기적 시각에서는 싸거나 공짜로 제공하면 좋다. 하지만, 시장 전체와 장기적 관점에서 보면 모두에게 부담이 된다. 개인의 이기가 아닌 전체를 보아야 한다.

· 소중한 것을 보는 시각 ·

과장 승진자들에게 노트를 펴고 태어나 지금 이 자리에 오기까지 도움 또는 영향을 받은 사람을 적도록 했다. 이어서 소중한 사람인 만큼 연락을 취하며 감사드리고 있느냐고 물었다. 대답이 없다. 소중한 사람이라면 소중하다고 간직만 하면 곤란하다. 상대방에게 표현을 해야 한다.

직장생활을 하면서 다양한 상사들을 만났다. 추진력이 강하고 성격이 불 같은 상사도 있었다. 내성적이며 깊이 생각한 후 결정을 내리는 상사도 있었다. 성향도 저마다 제각각이었다. 하지만 그들에게도 공통점이 있었다. 그것은 자신과 함께 근무하는 직원에 대한 마음으로 성장하기를 원하지, 잘못되기를 바라는 상사는 없다는 점이다. 자신이 알고 있는 지식이나 자료를 공유하기를 원하지, 가르쳐주지 않으려는 상사는 없다. 문제는 상사가 자신과 성향이 맞지 않는다고, 자신을 힘들게 한다는 이유로 술자리에서 타인에게 상사에 대해 불평불만을 토로한다는 점이다.

상사는 직원을 위해 수많은 노력을 한다. 그 직원은 상사에 대해 나쁘게 말하고 다닌다. 자료나 알고 있는 경험을 공유하면 고맙다고 말하며 커피 하나라도 전하려 노력하는 사람이 있는가? 매일 자신을 위해 노력하는 상사에게는 커피 한 잔 권한 적이 없다.

• 신뢰받는가? •

신뢰할 수 있다는 말을 종종 듣는 편인가? 그런 소리를 언제 듣는가? 자신의 일을 끝까지 할 때, 약속이나 시간을 어기는 일이 없을 때, 항상 하는 일에 원칙이나 일관성이 있을 때, 자신의 역할을 알고 일을 추진할 때, 효율적이고 효과적으로 지시를 받거나 수행할 때, 항상 있어야 하는 곳에 있고 보지 않아도 잘하고 있을 때, 겸손하되 하고 싶은 말이 있으면 짧고 논리적으로 말할 때, 상대를 존중하고 자신에 대한 자부심이 높을 때 등등.

여러 경우가 있을 것이다.

　반대의 경우, 상대방에게 신뢰할 수 없는 사람으로 인식되면 매우 힘들고 곤혹스럽다. 상사나 선배는 힘들고 귀찮은 일을 하지 않으면서 후배들에게 이런 일을 시키면 그들은 무슨 생각을 할까? 리더는 말과 언행에 있어 진정성과 일관성을 가지고 후배들에게 본분을 보이는 사람이다. A기업이 리더에 대한 리더십 진단을 하였다. 이런 진단 중에 그런 질문이 있었다. 리더에게 언제 존경하고 언제 실망하는가에 대해 각각 3개씩 쓰라는 주관식 문항이다. 존경하는 리더는 일에 있어 공정하고 명확하다. 방향을 잘 잡아 준다. 업무 분장과 일의 처리가 매끄럽고 신속하다. 항상 배려해 주고 인정한다. 성과 배분이 공정하다. 팀워크를 중시하며 동기부여 시킨다 등이었다. 실망스러운 경우는 앞과 뒷말이 다르다는 점이었다. 힘든 일은 하려고 하지 않았다. 윗사람에게 약하고 아랫사람에게 강하다. 자신의 생각을 고집하고, 좀체 수정하려 하지 않는다. 남이 세운 공을 자신의 것으로 간주한다. 지켜야 할 규칙이나 기본을 지키지 않으면서 직원들에게는 지키라고 한다 등이었다. 리더가 신뢰를 잃으면 직책의 힘으로만 조직과 구성원의 마음을 훔치는 것은 불가능하다. 지키기로 했고, 하기로 한 것에 대해서는 반드시 지켜야 한다. 신뢰를 쌓기는 어려워도 한두 번의 잘못으로 쉽게 잃어버리고, 다시 쌓는 것은 매우 어렵다.

• 약속에 대한 원칙이 있는가? •

김 팀장은 한 달 전에 본부 직원 2명과 저녁 약속을 했다. 오늘이 바로 그날이었다. 직원 중에 대리 한 명이 6시 반에 한 식당을 예약했다는 문자를 보내왔다. 함께 소주 한잔하자는 답장을 보냈다. 오후 4시 반, 갑자기 본부장에게 본부 팀장들과 저녁을 함께하자는 문자가 왔다. 가능하면 다 참석했으면 좋겠다는 요청과 함께 말이다. 당신이 팀장이라면 이 경우에 어떻게 하겠는가?

첫째, 본부장과 석식을 하고 두 명에게는 사정을 이야기한다. 그 후에 다음 일정을 잡는 것이다. 둘째, 본부장에게 선약이 있다고 말하고, 두 직원과 예정된 석식을 하는 것이다. 두 개의 방안 모두 불편하다면 잘못할 경우 신뢰를 잃고 만다. 가장 현명하게 할 수 있는 방안은 무엇일까?

어느 순간, 약속도 자신의 이익에 우선하게 마련이다. 또한, 소중한 사람과 약속을 더 안 지킨다. 상황 논리에 따라 부끄러움 없이 연기하거나 취소한다. 중요한 것은 상대방의 입장을 헤아리지 않는다는 점이다. 물론 자신은 양해를 구했다고 할 것이다. 하지만 상대가 마음에서 우러난 허락을 했는가는 별개의 문제다. 내 시간, 이익, 상황이 중요하다면 상대의 시간, 이익, 상황도 중요하다. 나만 편하면 된다는 생각은 더불어 함께 살아가는 우리에게 죄악이 아닐까? 약속이 연기되거나 참석을 못 해 아쉽지만, 그 사람은 좋다는 생각을 갖도록 행동해야 하지 않을까?

• 이 또한 지나가리라 •

참기 힘든 일, 지속적 괴로움, 숨 막히는 환경에 처하면 사람이 어느 순간부터 혼잣말을 하기 시작한다. 광화문에 사람들이 400만 명이 모이면 누군가는 말한다. "이 또한 지나가리라."라고 말이다. 광화문에 300만 명이 모이고, 서초에 200만 명이 모여 자신이 주장하는 바가 옳다고 한다. 분명한 것은 이 또한 지나갈 것이라는 점이다. 문제는 스쳐 지난 다음에 남는 상처이다. 지금 우리가 이렇게 모여 이런 주장을 하는 것이 과연 누구를 위한 일이란 말인가. 나라와 국민에게 무슨 이익이 될까? 주변 강국으로부터 나라를 지키고 더 높은 성장과 발전을 위해 한마음이 되어 태어날 아이들에게 행복한 미래를 물려줄 경쟁력을 키울 때이다. 프랑스와 같은 수많은 나라들은 지도자가 중심이 되어 국력을 키우고 경제를 살리며 행복한 국가 만들기에 여력이 없다. '한강의 기적'을 일궈낸 한 선배는 이렇게 말한다. "지금 지도층은 상대방이 내 편이 아니면 모두 적이라는 분열 정치를 하고 있다. 이런 식으로 개인과 집단을 선동하는 게 아닌가 싶어 마음이 무겁다고 한다. 광장의 소리가 절충이 아닌 한쪽의 승리가 될 때, 밀려올 갈등의 파고를 생각하면 마음이 아프다." 올바른 가치관을 바탕으로 옳고 그름에 대한 명확한 사회 정의와 기준이 수립되어야 한다. 흔들리지 않는 국가의 좌우명이 되었으면 한다. 인간관계도 그렇다. 멀리 봐야 한다. 자신의 분명한 철학과 원칙을 가지고 중심을 서서 걷되, 상대의 마음을 헤아릴 줄 알아야 한다.

• 있을 때 잘해 •

퇴직하는 자리에 한 후배가 한 마디 툭 던진다. "원장님, 3개월 지난 후 연락 하나 없다고 슬퍼하거나 서운해하지 마세요." 매일 가족보다 더 많이 만났고 이런저런 이야기를 나눈 직원들이었다. 그 당시에는 '설마, 그렇지 않을 거야.'라고 생각했다. 퇴직 후 1달이 지나기 전에 이 말을 가슴에 새기곤 했다.

부장, 팀장, 본부장, 대표이사로 있을 때에는 주변에서 나더러 팀장님, 대표님 하고 직책을 부르며 따랐다. 그때는 팀장과 대표라는 권위가 마치 자신인 양 착각했다. 그 자리에 오르면 어깨에 힘이 들어가고, 상대방을 내려다보는 경향도 생긴다. 내 사무실, 내 자리, 내 책상이라고 말하지만, 사실은 회사의 자산일 뿐이다.

이 직책에서 물러나면 한순간 무너져 버린다. 주변의 시선을 한 몸에 받다가 아무도 연락하지 않으면 자존감이 무너진다. 심한 경우에는 '내가 어떻게 했는데' 하는 분노가 생긴다. 이러한 분노와 원망, 아쉬움과 허탈함은 자기만 힘들게 할 뿐이다.

있을 때 잘하라고 한다. 돈이 있고, 높은 직책에 있을 때, 그 돈과 직책에 의해 내가 평가받지 않도록 해야 한다. 남을 배려하고, 나눌 줄을 알아야 한다. 그저 상하관계에 머물러선 안 된다. 그들의 마음속에 내가 상사가 아닌 존경하는 선배나 형으로 자리 잡아 있어야 한다. 과거의 높은 직책에 있었다는 생각에 허드렛일을 꺼리거나 안 하는 사람이 있다. 지금 이 순간, 자신이 할 수 있는 일에 최선을 다해야 한다. 결국은 있을 때 잘해야 한다. 이것은 자신에 대한 믿음이다. 지금 있는 곳에서 좀 더 배려하고 나누는 사람이 인생을 좀 더 행복하게 살 수 있다.

작은 것을 얻으려다가 큰 것을 잃는다

· 리더의 자기관리 ·

GS칼텍스에 근무할 때의 일이다.

회사는 정이 깊고 음주 문화가 강한 편이었다. 근무 당시, 회사 직원들과 저녁에 술 한잔하는 것은 회사 돈으로 100% 지불했다. 이 회사에서 근무하면서 놀란 것은 모든 직원이 사적으로 회사 근처 식당에서 식사한 돈을 회사에 청구하는 일은 단 한 건도 없다는 점이다. 회사와 직원 모두 공사가 분명하고 당연하다고 생각하며 신뢰한다. 많은 직장에서는 임직원들이 회사 근처 식당에서 지인 2~3명과 식사를 하거나 술을 마시면 10만 원 이상이다. 이 돈이 아까워 안 되는 줄을 알면서도 회사에 청구한다. 한두 번은 꺼림칙해하지만 계속 인정이 되면 이제는 당연한 듯 청구한다. 리더가 이런 행동을 하면 직원들이 언제부터인가 그를 따라 한다.

어느 순간, 회사의 기본이나 기강은 무너져 버렸다. 신뢰를 잃은 리더의 지시는 영향력을 잃게 된다. 돈 몇 푼 아끼다가 직장과 사람을 모두 잃게 된다. 리더는 철저한 자기관리를 해야만 하는 사람이다. 리더에게 자기관리란 기본 중의 기본이다.

· 주는 사람, 받는 사람 ·

A회사의 직원으로 상점을 관리할 때는 주인이 시키는 일도 귀찮아할 정도였다. 주인의식을 갖고 주도적·자발적으로 일하라는 말은 매출과 이익을 올리려는 주인의 얄팍한 마음이라고 생각했다. 가게 직원으로 있을 때에는 조금은 적당히 했는데, 막상 가게의 주인이 되니 새벽부터 밤늦게까지 고민하며 열심히 일하는 자신을 발견하고 놀랐다고 한다. 주는 사람(사장)과 받는 사람(직원)은 어떻게 다를까? A직원은 혼자 일하는 것이 힘들다며 직원 1명 충원을 요청했다. 사장은 1명을 충원하면 성과가 100% 이상 증가할 것이라고 기대하지만, 실제 성과는 83% 정도 증가한다고 한다.

망해가는 회사는 이렇게 생각이 다르다. 직원 성장을 위해 책을 사준다고 하면, 돈으로 주지 무슨 책이냐는 대답이 돌아온다. 나가지 않을 만큼 급여를 주고, 잘리지 않을 만큼 일한다.

먼저 실행부터 하자고 하면 일단 달라고 한다. 회사가 살아야 직원이 산다고 하면 직원이 먼저라고 한다. 챙겨주려 하는데, 일한 만큼 받는 거라고 한다. 성과를 내라고 하면 작업환경부터 바꿔 달라고 한다. 주인의식을 가지라고 하면 주인처럼 대해 달라고 한다. 내 일처럼 해 주길 원하지만 내 것도 아니라는 생각을 한다. 글로벌 초우량 회사들은 이와 달리 직원들의 일에 대한 자부심, 성장에 대한 욕구, 직장생활의 즐거움이 항상 생각의 중심에 있다. 함께 더 높은 수준으로 만들어 가기 위해 노력한다.

· 친절한 마음과 행동 ·

두 아이가 있었다.

A는 마음만 착했지만, 표현에 서툴렀다. 그저 '내가 커서 갚아줄 거야' 하는 마음으로 상대가 베푼 것을 받기만 했다. 하지만 길을 물어보면 피하지 않고 알려주는 등 누군가가 부탁하거나 직접적으로 하라고 하면 거절하지 않고 했다. 반면, B는 감사한 일은 감사하다고 행동으로 표현했다. 누군가 길을 물어보면 가까운 곳은 데려다 주고, 먼 곳은 상대가 고생하지 않도록 자세히 설명해 주었다. 상대가 모르는 곳을 물어보면, A는 모른다며 돌아섰다. 반면 B는 스마트폰이나 다른 사람을 통해 물어보았다. 길을 묻는 상대방에게 도움이 되려고 노력했다. 10년

후, 두 아이는 각자 어떻게 변해 있을 것이라 생각하는가? A보다는 B가 훨씬 더 바람직한 모습으로 성장할 것이다. 만약 어떤 나라의 아이들이 모두 B처럼 행동한다면 어떨까. 그 나라의 미래 경쟁력은 다른 나라가 따라올 수 없는 높은 수준의 차별화된 경쟁력일 것이란 확신이 들었다.

일본의 나고야를 방문한 적이 있다. 영어가 잘 통하지 않는 곳이었다. 서툰 일본어로 나고야성까지 가는 방법을 학생에게 물었다. 학생은 스마트폰을 꺼내 전철 타는 곳과 가는 방법, 금액에 대해 10분 가까이 설명해주었다. 전철에서 또 다른 학생은 티켓을 구입하는 방법을 친절하게 알려준다. 시내에서 신발 가게 위치를 물어보니 젊은이가 약 100미터 정도 떨어진 가게까지 직접 안내를 해 주었다. 10분의 시간은 그들에게도 중요할 것이다. 하지만 도와줘야 한다는 생각이 그들에게는 더 소중한 가치로 간직되어 있다.

서울 시내로 처음 가는 곳에 가서 누군가 길을 물으면 대답할 것이다. "몰라요." 아니면 손가락으로 가리키며 "저쪽으로 가요." 하지 않을까? "제가 안내할게요, 이쪽으로 오세요.", "저도 그곳에 가는데 함께 가면 좋겠네요." 이런 이야기를 들을 수 있을까? 만약 우리나라 말을 하지 못하는 외국인이 우리나라 학생과 젊은이들에게 도움을 받으려 말을 건다면 어떻게 할까? 국력은 국방과 경제, 문화와 교육, 삶의 질뿐 아니라 거리의 청결, 국민의 인식과 친절의 정도이기도 하다.

· 행복의 기준 ·

후배가 묻는다. "형님, 언제 행복하세요?"

그 말을 듣고 나는 곰곰이 생각한다. 강의나 글을 쓰며 행복이란 단어를 즐겨 사용할 때는 있다. 하지만 단 한 번도 행복에 대해 정의해 본 적은 없다. 행복을 결정하는 데에는 많은 기준이 있다. 가족, 직장과 일, 건강, 재산, 친구와 지인, 취미, 자기계발, 봉사 등. 사람마다 처한 환경에 따라 행복의 기준은 달라질 것이다. 몸이 아프거나 불편해 일을 할 수 없어 하루 종일 굶은 사람은 건강과 돈이 행복의 기준이다. 병원에 입원해 있는 사람은 건강해지기만 고대할 것이다. 친구나 지인이 없어 외로운 사람에겐 누군가와의 만남 자체가 행복일 것이다. 승진이 안 되어 말년 대리인 사람이 과장 승진을 하면 더없이 행복할 것이다. 할 일이 없고 누구도 불러주지 않는 사람이 취미 활동을 통해 함께하는 사람들과 어울리고 즐겁게 웃는다면 이것이 행복일 것이다. 사랑하는 사람을 잃은 사람은 주변사람으로부터 따뜻한 말 한마디와 위로를 듣는 순간이 행복일 것이다.

자신이 가지지 못한 것이 바로 행복이라면, 반대로 지금 누리고 있는 것들은 무엇일까. 그것들에 대한 감사는 어떨까? 어쩌다가 한 번 잘해준 사람에게 고마워하며 어쩔 줄을 몰라 했는데 항상 잘해주던 사람에게는 감사하다는 말이 없다. 만약 이 사람들이 떠나면 어떻게 될까?

언제까지나 젊을 것이라 생각하고, 제때 밥도 먹지 않고, 운동도 거의 하지 않고, 잠도 자지 않으며 돈을 벌다가 건강을 잃어 1달밖에 살 수 없다면 어떤 심정일까? 죽는 날 가져갈 수 있는 것은 없다. 이룩해 놓은 그 많은 재물들이 아까워 눈을 감을 수 없다고 말하는 사람은 행복할까? 평소 쌓은 것을 나누며 이웃과 함께한 사람이 행복할까?

지금, 이 순간 부족한 것을 갈구하기보다는 주어진 것에 감사하는 삶이 더 행복할 것이다. 더불어 함께 살아가는 세상이다. 그 가운데 조금 더 배려하고 베풀며 밝게 웃으며 스트레스 없이 사는 삶이 행복의 기준 아닐까?

Chapter 3

이런
사람이
되었으면
좋겠다

퇴직 후의 삶, 어디로 갈 것인가?

평생직업이 아닌 평생직장의 세대였다. 후배가 술 한잔하자고 한다. 오랜만에 만나는 후배라 반가운 마음에 갔는데 하소연을 한다. 1980년대 입사한 첫 직장에서 30년 넘게 근무하면서 결혼도 하고, 자식을 낳아 잘 키웠고, 한 가정의 가장으로서 역할을 다했기 때문에 항상 회사에 감사하는 마음을 간직하고 있었다. 회사를 떠날 때는 후배들에게 회사에 대해 감사하고, 남기고 떠나는 사람이 되라는 인사말도 준비했다. 그러던 어느 날, 갑자기 전화로 2일 후에 회사를 떠나줬으면 좋겠다는 통보를 받는다면 기분이 어떻겠는가? 마음의 준비가 덜 되어 있고, 해야 할 일들이 쌓여 있는데, 잘할 수 있는데, 그런데도 떠나라고 한다. 그것도 전화로 말이다. 집에 가서 무슨 말을 할 것인가 생각하니 머릿속이 새하얗다. 수화기 너머로 인사담당자가 퇴직 조건을 이야기하는데 귀에 하나도 들어오지 않는다. 자신이 안 된다고 할 수 있는 상황이 아니기에 일단 알았다고 한다. 암담하다. 아니 화가 난다. 젊음을 바친 30년의 대가가 고작 이것인가 하는 생각이 치솟는다. 평소 감사하다는 생각은 온데간데없이 사라진다. 서운한 마음과 이럴 수가 있냐는 분노로 가득하다. 책상을 정리하면서 물건을 하나둘 버리기 시작한다. 하나하나가 해야 할 과제이고, 귀중한 자료이건만 무슨 의미가 있는가? 전부 쓰레기통에 넣으며 자신이 쓰레기가 되는 듯해 눈물이 솟구친다.

　30년 넘게 근무하고 퇴직한 후, 입사 후 처음으로 이력서를 작성했다. 이곳저곳에 이력서를 넣어 봤다. 연락이 오는 곳은 한 군데도 없었다. 선배들과 친구들을 찾아갔는데 그들 역시 힘들어하는 모습이 역력하다. 식사를 하고 빨리 가줬으면 하는 모습이다. 아니 그렇게 느끼는 것일 수도 있다. 직장 다닐 때의 급여 수준을 원하는 것도 아니었다. 희망급여를 대폭 낮추었음에도 불구하고 찾는 이가 없다. 생각해 보니 한 직무의 전문성을 갖고 내가 그 누구보다 잘할 수 있는 차별화된 경쟁력이 없다. 지인들은 회사에서의 직책을 다 잊으라고 했는데, 내가 잊는 것보다 만나는 사람들이 기억하며 거절한다. 그들은 높은 직책에 계셨던 분이 이런 일은 할 수 없다고 생각한다. 기회 자체를 주지 않는다. 아침에 일어나 갈 곳이 없고 할 일이 없고 만날 사람이 없다. 직장생활을 하던 때가 그렇게 그립다. 오늘 어디 가느냐고 아내가 묻는다. "아니, 내가 갈 곳이 어디 있다고?" 내 말을 듣고 아내는 몹시 미안해한다.

돌이켜 보면 회사만을 생각하고 앞만 보고 달렸다. 그랬기에 전문역량을 키우지 못했고, 회사 내부 사람 만나기에만 급급했다. 외부 인사들과 교류는 거의 없었다. 내리 사랑이라고 후배들에게만 몰두했지, 오너와 CEO에게는 소홀했던 스스로가 한심하게 여겨져 화가 나는 것이다. 막상 원하지 않는 퇴직을 하고 나니 모든 것이 후회된다고 한다. 후배의 말을 들으며 한마디도 할 수 없었다. 왜 회사 생활하면서 자기 역량을 쌓고, 외부 관계를 맺지 않았느냐? 또 다시 30년을 시작해야 하는데 그런 준비를 하지 않은 자신을 반성하라는 말을 해줄 수 없었다.

필자가 정부와 공기업 자문위원으로 있으면서 조직개편에 관련해 관리자와 경영자 인터뷰를 실시한 적이 있다. 정부 조직에서 과장과 국장은 중요한 실무 최고의 의사결정자이다. 문제는 한 부서에 이들의 평균 근무기간이 1.8년 수준이라는 점이다. 공기업의 부장이나 실장도 2년 수준이었다. 한 부서에서만 2년을 근무하다가 다른 부서로 이동한다면 전문성이 어떻게 쌓이겠는가? 회사에 있을 때는 괜찮지만, 사회에 나오면 할 수 있는 것이 없는 상황이 된다. 민간기업에서는 관리자 이상이 되면 의사결정만 하다 보니 실무 업무를 하지 않아 일의 프레임워크를 정하고 자료를 수집하고 분석하며, 안을 만드는 능력이 현저하게 떨어진다. 강의와 컨설팅을 하지 않아 이런 일들은 하기가 어렵다. 내부 인력만을 챙기다 보니 일을 중심으로 자신을 불러주는 사람이 없다. 자유롭게 토론하고 창의력 있는 아이디어를 제안하여 추진하는 문화에서 생활하지 않았기 때문에 처음 만나는 사람들과 의견을 나누고 자신의 생각을 논리적으로 설명하는 역량이 떨어진다. 무엇보다 자신의 일을 체계적으로 기록하고 정리하여 매뉴얼 또는 강의안을 만들어 놓은 것이 없다. 해 본 적은 있으나 하라면 할 수 있는 자료가 없다. 회사를 떠난 다음에 후배들에게 자료를 보내 달라고 할 수가 없다. 떠난 다음에 반기며 알아주는 후배가 많지 않을 뿐만 아니라 시스템으로 자료유출이 불가능하다. 몇 년 한 직무를 했다고 하지만, 일의 전문성은 낮은 수준이 되는 이유이기도 하다. 30년 직장생활을 했다고 하지만 할 수 있는 것이 없음에 분노하는 것이다.

• 어떻게 준비해야 할 것인가? •

회사는 내 역량을 책임지고 키워주는 곳이 아니다. 이 사실을 깨닫고 나면 내 시장가치는 결국 내가 키워야 하는 것임을 알게 될 것이다. 떠난 다음에 후회하거나 분노하는 것은 본인의 잘못이다. 회사는 떠난 사람을 기억해 줄 여유가 없다. 그렇다면 개인도 과거에 얽매여 분노의 응어리를 간직하고 있기보다는 새로운 인생을 설계하고 이끄는 것이 중요하다. 좋아하며 잘하고 하고 싶은 것을 하는 것이 바람직하다. 한순간에 성공할 수는 없다. 준비과정이 있어야 한다. 기업에 있으면서 자신의 미래를 준비하지 않는 사람은 무능한 사람이다. 30년간의 직장생활, 퇴직 후에 할 일이 없다는 사람을 두고 과연 유능하다고 하겠는가? 인생의 무능자일 뿐이다. 퇴직 후의 삶, 어떻게 준비할 것인가?

첫째, 자신이 하고 있는 일의 전문성을 키워야 한다. 가르치고 진단하며 지도 또는 컨설팅을 할 수 있는 수준의 전문성을 갖고, 이에 부합하는 체계적으로 정리된 자료를 갖고 있어야 한다. 직책을 맡고 있어도 자신이 직접 수행하는 일이 있어야 한다.

둘째, 자신이 수행하는 일과 관련된 외부 네트워크를 구축하고 참여하여 상호 도움을 받아야 한다. 협업과 공유의 시대이다. 움켜쥐고 남의 것만 받으려는 마음으로는 성공할 수 없다. 외부의 시각에서 직무의 다양성과 깊이를 더해가며 친목을 다져야 한다. 결국 이들이 퇴직 후 자신을 찾는 기반이 된다.

셋째, 항상 멀리 보면서 남들보다 한발 앞서는 사람이 되어야 한다. 정체되면 안정을 취하고 싶어지길 마련이다. 그러다 보니 새로운 것에 도전하기보다는 했던 것을 또 실행하며 현실에 안주하게 된다. 퇴직하면 안주하는 사람이 할 수 있는 것은 많지 않다. 기껏해야 집안에서 아내에게 눈치나 받는 존재가 된다.

직무의 자격증도 따고 한발 앞서 자신이 이끌 회사를 구상하며 펼치는 사람이 되어야 한다. 자신이 무엇을 잘할 수 있는가를 알고 하나하나 준비한 사람만이 퇴직 후에 즐겁게 살 수 있다.

분노하는 사람이 될 것인가? 도전하는 사람이 될 것인가? 이는 주어진 순간을 즐기며 준비하는 사람만이 결정할 수 있다.

자신의 역할을 아는가?

· 부모의 역할 ·

큰딸을 버스정류장까지 배웅해 주면서 "우리 집은 어떤 곳이니?" 하고 물었다. 그러자 큰딸은 조금은 생뚱맞다는 표정으로 그런 건 왜 묻냐고 묻는다. 아이에게 가정을 소개해 보라고 하면 아이는 과연 어떻게 소개할까? 다음은 큰딸이 메일로 보낸 내용이다.

'나는 쌍둥이의 언니로 태어났다. 언니이기 때문에 가능한 한 동생에게 양보하고, 둘이 항상 베풀고 나누도록 교육받았다. 자신의 역할을 다하고, 서로의 입장을 존중하며 사랑하는 생활이 몸에 배어 있다. 학교생활을 하면서 부모님과 여러 번의 갈등이 있었다. 하지만 그때마다 곁에서 나를 믿는다고 묵묵히 응원해

주던 부모님의 말씀을 기억한다. 너를 믿는다는 부모님의 말씀에 스스로 힘을 내어 결정하고 이끌 수 있었고 지금도 그렇다. 우리는 가족 카톡방을 통해 함께 소통했다. 방문은 항상 열려 있었고 거짓이 없었다. 매일 시골 할머니에게 전화하는 아버지처럼, 떨어져 있어도 매일 안부를 묻고 함께 있는 정을 느끼게 하는 것이 바로 가정이다.'

어릴 적부터 아이에게 반드시 해야 할 일 또는 하지 말아야 할 일을 알게 하고 있는가? 이러한 해야 할 일과 하지 말아야 할 일이 습관화되어 있다면 아이가 성장하는 데 좀 더 바람직하지 않을까? 부모가 본분을 보이지 않고 시키기만 한다면 과연 아이들이 따를 것인가? 부모가 내 아이는 내가 낳았으니 내 것이라는 생각을 갖고 자신이 하지 못한 꿈이나 하고 싶은 목표를 강요한다면 아이는 어떻게 되겠는가? 아이가 사회에 도움이 되는 구성원으로 건강하게 성장하도록 지원하는 것이 바로 부모의 역할 아니겠는가?

좋은 가정처럼 직장도 서로가 함께 자신의 역할을 알고 바람직하게 만들어 가려는 노력 속에 더 하나가 되지 않을까?

· 상사의 역할 ·

상사가 존경스럽고 무섭다고 느껴진 적이 있는가. 직장생활을 하면서 다음과 같은 경험을 하면 상사가 존경스럽고 무섭다고 느껴진다. 첫째, 아무도 생각하지 못한 방향이나 전략을 제시할 때. 둘째, 30페이지의 보고서를 일견하면서 핵심을 집어가며 결정할 때. 셋째, 말과 행동이 일치하며 자신이 한 말을 철저히 지켜 나갈 때. 넷째, 해서는 안 될 일에 대해서는 단호하게 하지 말라고 할 때. 다섯째, 직책의 중요성을 알고 제대로 실행할 때. 여섯째, 매사에 거짓 없이 진정성 있는 자세로 임할 때. 일곱째, 자신의 이익이 아닌 회사의 이익을 위해 희생할 줄 알 때. 여덟째, 100개의 일 중에 99개는 잘하고 나머지 1개를 잘못했을 때, 그때 이 1개에 대해 책임을 질 때. 이외에도 정말 존경스럽다고 생각되는 경우가 많을 것이다.

기관장으로 재직 중이거나 어떤 직책의 장으로 있을 때, 그 자리를 박차고 나오기란 쉽지 않을 것이다. 높은 직책을 맡게 되면 되도록 문제를 만들지 않고 성과를 내어 자리를 유지하거나 더 승진하기를 원한다. 금전적 보상도 크지만, 직책이 주는 권력욕이 강하다는 사실을 느끼며 어느 순간 익숙해진다. 자리에서 내려온 후에 어떤 모습이 되는지 너무나 잘 알기 때문에 자리에 더욱 연연하게 된다. 상사가 존경스럽지 않고 내 상사라는 점이 부끄러울 때가 있다. 어떤 상사는 강자에겐 무조건적으로 동조하며 경우에 따라선 비굴한 모습을 보이기도 한다. 다른 직원의 성과를 두고 모두 자신 덕분이라며 본인을 내세우기도 한다. 그런 상사는 대체로 책임을 지지도 않고 반성하지도 않는다. 내 위치라면 그럴 수도 있다는 오만을 갖고 행동할 뿐이다.

조직과 직원을 성장시키지 않고 자신이 아니면 안 된다고 말하는 것, 그것은 오만함이다. 리더가 직책에 연연하면 할수록 주변의 사람들은 하나둘 떠나고 만다. 그런 이들은 결국 회사를 분열시키고, 다른 이에게도 짐이 되고 만다. 염치없는 사람이 되고 마는 것이다.

직장의 인간관계,
5년 후를 생각하라

• 직장에서의 인간관계 •

만일 싫은 사람을 만나야만 한다면 어떻게 하겠는가? 사적인 관계라면 안 만나거나 피하면 된다. 하지만 일적인 관계는 다르다. 만약 직장의 상사와 선배가 싫어하는 사람이라면 함께 지내기가 쉽지 않다. 단순히 거리를 둔다고 해서 해결되는 일이 아니다. 만약 다음과 같은 상황이 발생한다면 어떻게 하겠는가?

상사가 고함을 지르고 실수를 용납하지 않는다면? 연봉은 선배가 훨씬 많이 받는데 대부분의 일은 내가 다 해야 한다면? 묵묵히 일하고 있는데 하지도 않은 일에 대해 심한 뒷담화를 한다면? 역량도, 열정도 없고 그저 기계적으로 회사 출퇴근을 반복하는 후배가 있다면? 너희들이 다 알아서 하라는 식의 무관심으로 일관하는 상사가 있다면? 윗사람에게는 아부하고 아랫사람에게는 닦달하는 관리자가 있다면? 귀찮고 힘든 일은 항상 내가 하는 바람에 손해 본다는 느낌이 든다면? "이것도 일이라고 했냐?" 등의 막말하는 상사나 선배가 있다면?

회사생활을 하면서 얻는 인간관계의 스트레스는 생산성 저하는 물론 소속감과 회사와 직무에 대한 자부심도 뚝 떨어지게 한다. 어떻게 하면 이런 상황에서 벗어날 수 있을까? 해결방안 중에 하나는 좋은 점 찾기다. 과거에 만난 최악의 사람을 떠올리며 지금 현재 힘들게 하는 사람의 좋은 점을 찾아보면 어떨까? 다른 하나는 자신의 5년 후 모습을 상상해 보는 것이다. 분명 5년 후엔 보다 멀리 보며 성장해 있을 것이다. 5년 후에는 시야도 넓어져 자연스레 이해하게 될 것이다. 또한 5년 후에는 지금 나를 힘들게 하는 사람이 여전히 회사에 남아 있으리라는 보장도 없다. 생각만으로도 즐겁지 않은가. 항상 보다 멀리, 적어도 5년 후를 바라보며 하루하루를 즐기는 것이 현명하다.

· 잔소리 ·

1인 창업을 하고, 강의와 약속이 없는 날은 대부분 집무실에서 있게 된다. 집에 있을 때, 가장 참기 힘든 점이 있다면 무엇이냐고 후배가 묻는다. 사실 집에 집무실을 둔다고 하니까, 먼저 퇴직했던 직장 선배 모두가 '잔소리'를 유념하라고 했다. 사실 잔소리를 하는 이유는 그렇다. 잔소리를 듣는 상대방이 변하리라는 기대 때문이다. 가만 생각하면 당연한 일이다. 외출을 하는 자와 그렇지 않은 자는 복장부터가 다르다. 집 안에만 있다 보면 옷차림은 자연스레 후줄근해진다. 철저한 자기관리가 되지 않으면 기상 시간부터 낮까지 텔레비전을 보는 등 하지 않던 행동을 하게 된다. 아내가 해 놓았던 정리와 습관들을 하나하나 무너뜨린다. 아내의 입장에서는 자신의 통제 범위 내에 있던 질서가 깨지고, 자신의 생활 습관이 무너진다. 누가 기쁜 마음으로 참으며 웃겠는가? 사실, 아내의 잔소리는 남편 입장에서 보면 참기 힘든 일이다. 그런 만큼 원하는 변화가 일어나지 않는다. 이러한 변화 없음은 또 다른 잔소리를 낳게 하며 갈등의 원인이 된다. 선배가 전해준 잔소리의 특징들은 다음과 같다.

① 듣는 사람이 준비가 안 됐는데 일방적으로 말한다.
② 말하는 목적이 상대방을 내 맘대로 움직이려 하는 것이다.
③ 말하는 사람이 상대방과 상대방의 상황에 대해 잘 알지도 못하면서 이야기한다.
④ 말할 때 감정적으로 한다.
⑤ 해야 할 이유를 말하지 않고 이유 없이 하라고 한다.
⑥ 말하는 사람이건 듣는 사람이건 '또', '그만'이라는 말이 나온다.

⑦ 상대가 원하지 않아도 한다.

⑧ 눈에 거슬리거나 생각날 때마다 한다.

잔소리를 들어 기분 좋은 사람은 없다. 근원적으로 잔소리가 나오지 않도록 할 수 있는 방법은 없을까? 있다면 핵심가치 또는 그라운드 룰을 정해 실천하면 되지 않을까?

· 고마운 사람들 ·

13호 태풍 링링의 영향력은 컸다. 길가의 가로수가 뽑히고, 이곳저곳에 나뭇가지와 은행나무 열매가 뒹굴고, 바람에 온갖 쓰레기들이 나뒹굴었다. 그런 풍경은 보는 이로 하여금 미간을 찌푸리게 했다. 그런데 새벽 호수공원을 돌며 이상하다는 생각을 했다. 자전거 도로와 산책로가 너무나 깨끗했다. 쓰러진 나무, 부러진 잔가지와 나뭇잎이 통행에 불편하지 않도록 치워져 있었다. 아파트까지 오는 길가와 단지 안도 깨끗했다. 이 모습을 보며 행복해할 사람들의 모습을 떠올렸다. 힘든 줄도 모르고 깔끔하게 정리했다. 생각해 보면 고마운 사람들이 많다. 평소 배가 넘는 분리수거를 처리해 주시고 밤새 아파트를 지켜 주시는 경비 아저씨, 새벽 5시 이전부터 버스 운전을 하시는 기사님, 편의점을 밤새 지키는 아르바이트생, 보이지 않는 곳에서 묵묵히 자신의 역할과 일을 하고 있는 사람들, 그리고 오늘도

웃으며 새벽밥을 차려주는 아내. 감사하는 마음으로 주변을 둘러보면 감사할 일들이 참 많다.

· 공평과 공정 ·

직장에서의 채용 등 인사의 기회는 기본적으로 공평해야 한다.

회사에 지원할 기회, 교육을 신청하고 받을 수 있는 기회, 평가를 받고 이에 따른 보상을 받을 기회, 승진 조건을 갖추면 대상자가 될 수 있는 기회, 원하는 부서와 직무를 선택하고 옮길 수 있는 기회, 원하지 않으면 회사를 그만둘 수 있는 기회는 공평해야 한다. 학생들에게 "회사는 여러분이 선택하지만, 결정은 회사가 한다."고 강조한다.

회사에 지원할 수 있는 기회는 누구에게나 공평하게 주어진다. 하지만 누구를 선발할 것인가는 지원자의 역량, 부서와 지원자와의 정합성 여부, 회사의 재무 상황 등에 따라 달라진다. 뽑을 수 있는 인원수 등에 따라 공정하게 결정되어야 한다.

직장인이라면 출근해서 일하기 싫어하는 사람은 거의 없다. 회사가 임직원들에게 교육의 기회를 공평하게 줬지만, 교육을 받는 사람은 자격을 갖추어야 한다. 자격을 갖추지 않은 사람이 교육을 받겠다는 것은 무리한 요구이다. 모두들 좋은 평가를 받기를 원한다. 하지만 이들 모두에게 공평하게 좋은 평가와 보상을 줄 수는 없다. 모두를 승진시킬 수는 없다. 목표를 달성했다고 같은 평가를 하고, 차별하지 말아야 한다고 연차에 따른 똑같은 보상을 하고, 체류기간이 지났다고 모두 승진을 한다면 회사는 어떻게 될까?

차별성을 인정해야 한다. 성취한 역량과 결과를 기준으로 공정하게 절차와 분배를 하는 것이 옳다. 인간관계에 있어서도 마찬가지다. 만나는 모든 사람을 소중히 여기고 공평하게 대해야 한다. 그중에서도 특히 내게 더 소중하고 영향력이 큰 사람에겐 더 특별히 대해야 한다. 그렇다. 차별하는 것이 맞다. 그렇게 해야 공정한 것이다.

· 기억에 남는 사람 ·

한 중견기업을 컨설팅할 때의 일이다. CEO였던 창업자 회장이 자신이 회사를 설립할 당시의 철학과 원칙이 많이 무너졌다고 세울 수만 있다면 조직과 임직원에게 재강조하고 싶다고 한다. 회장이 중요시하는 가치는 사업보국, 열정, 일치 그리고 책임감이었다.

중소기업이 성장하여 중견기업 또는 대기업이 되면서 가장 큰 병폐는 바로 조직과 개인의 이기주의라고 한다. 한마음이 되어 한 방향으로 가도 글로벌 경쟁에서 이기기 힘들다. 나만 좋으면 되고, 남의 일이라면 잘못되어도 알려주지 않고 무관심하면 기업과 조직은 망하게 되고, 직원 역시 힘들어진다.

생각을 바꿔 누군가에게 기억에 남을 만큼 영향을 주는 사람이 되어야 한다. 더불어 함께 살아가는 이 세상에서 받기만 했다면, 어느 순간부터는 배려하고 봉사하며 기여해야 한다. 헬렌 켈러에게 영향을 준 설리번 선생님처럼 우리 삶에 위대한 스승이 있다면, 그에게 받은 것 이상으로 그 누군가에게 영향을 주어 큰 유산이 이어지도록 해야 한다. 중견기업 회장의 간절한 소망도 바로 이런 임직원이 되어, 사회에 기여하길 바랐던 것이다.

언젠가는 떠날 직장이며 삶이다. 떠날 때 사람들이 아쉬움과 존경의 눈빛으로 바라보는 이들이 있다. 그런 반면 존경은커녕 어서 빨리 떠나줬으면 하는 이가 있다. 함께하는 사람을 존경하고, 기억에 남는 사람에게 감사하자.

· 늦은 후회 ·

내리사랑이라고 한다. 부모님은 자신을 희생하며 자식을 위해 모든 것을 내어줬다. 궂은 일, 힘든 일을 항상 내색 없이 하셨기에 그런 일이 있는 줄도 몰랐다. 먹고, 입고, 자는 것이 어려웠다는 아련한 추억이 있는데 당신들은 얼마나 힘드셨을까. 어른이 되니 알겠다. 선배는 "시골에 두 분 계실 때 더 전화하고 찾아가라."고 한다. 먼 산을 보며, 한참을 서 계시는 선배의 두 눈이 붉어지는 모습을 봐 온 터였다. 그랬기에 텅 빈 마음이 얼마나 힘든가를 알면서도 후회할 짓만 한다.

10여 명의 직원과 함께 회사를 경영해 왔던 후배가 "형님, 다음 달이면 자유인이 되는데 무엇을 하면 될까요?"라고 묻는다. 후배의 생각은 이렇다. 망하지 않는 회사를 만들어 직원들의 일자리를 계속 유지해주는 것이다. 그리하여 직원들의 연봉을 올려주고, 본인들이 좋아하는 일을 하도록 하는 것이 자신의 책임이라고 생각했다. 하루는 회사 직원들이 사무실과 독립된 휴게실을 따로 만들어 달라고 요구했다고 한다. 직원들이 요구하는 것은 대기업 연구실에서 볼 수 있는 작업환경 수준이었다. 이뿐만이 아니었다. 작년 이익이 있는데 자신들의 임금을 10% 이상 인상시켜 달라는 요구였다. 사업주의 처지로선 들어줄 수 없는 요구였다. 회사가 일정 수준 이상으로 성장하고 안전궤도에 들어서면 그러겠노라고 했단다. 지금은 더 노력할 때라고 설득도 하였단다. 하지만 임금인상과 정시 퇴근을 요구하며 거친 행동을 하기에 다 내려놓았다고 한다. 직장이 없어지고 할 일이 없을 때, 그 소중함을 깨달으면 뭐할까?

　직장은 이해관계로 맺어진 조직이라고 한다. 그렇다고 해서 이해관계의 득과 실로만 관계를 재단해선 안 된다. 만약 집단의 구성원들이 이런 생각만 한다면 그 집단에선 결코 좋은 성과를 기대할 수 없을 것이다. 직장은 일생을 통틀어 가장 중요한 시기에 많은 시간을 보내는 곳이다. 또한 사람들이 함께 모여 지내는 곳이다. 행복해야 하며 즐거워야 한다. 나 혼자만 생각하면 곤란하다. 어느 순간에는 내리사랑보다 회사와 상사의 마음을 헤아리는 것도 중요하다. 내 이익보다도 회사의 이익을 우선하는 것도 필요하다. 회사가 망한 다음에는 아무 것도 남지 않는다. 회사라는 언덕의 고마움을 알고 감사하는 마음이 바탕이 되어야 한다.

· 떠날 때와 보내는 마음 ·

10년 동안 한 직장에서 같은 업무를 한 후배가 회사를 옮긴다는 소식을 전해 왔다. 평소에 하고 싶은 일을 할 기회가 생겨 그 일을 시작하겠다고 한다. 상황은 그렇게 좋지 않지만 흔들림 없이 달려 보고 싶다고. 떠날 때 반드시 해야 할 일이 있다면 무엇일까? 갈 곳도 중요하지만, 그 전에 먼저 머문 곳에 대한 정리가 우선적으로 선행되어야 할 것이다.

첫째, 자신이 했던 일에 대한 체계적인 정리이다. 그 누가 담당해도 쉽게 알 수 있도록 정리해라. 이전 경험자가 누구이며, 협조받을 사람과 현재의 이슈와 해야 할 과제를 정리해 놓는 것이 기본이다.

둘째, 함께했던 상사, 동료, 후배에게 간단한 쪽지 혹은 편지와 함께 가벼운 선물을 준비해 찾아간다. 그들에게 감사함을 전해야 한다. 사람관계는 오래 가는 법이다. 당신이 상대방에게 어떤 사람으로 기억되느냐는 살면서 매우 중요한 문제다. 직장을 떠나는 것이 전부가 아니다. 이후에 언제 다시 만나더라도 당신이 상대에게 좋은 사람이었다는 인상을 주어야 한다. 새로운 직장의 인사담당자는 이전 직장에서의 평판조회를 실시할 것이다. 성격도 좋고 일도 잘했는데 저희와 헤어져 아쉽다는 말을 들어야 한다. 가능하면 선발하지 말라는 말을 듣는다면 곤란하다.

셋째, 회사에 대한 감사와 좋았던 점만 기억하는 것이 필요하다. 자신이 한때 머물렀던 곳에 대한 불만과 험담하는 사람치고는 성공하는 사람을 본 적 없다.

그 누구도 평생 함께 갈 수는 없다. 리더는 떠나는 사람에게 축복을 빌어 주어야 한다. 리더의 언행은 직원들이 보고 배우며 판단하고 행한다. 리더도 사람인지라 소중한 사람이 떠나면 아쉽고 많은 생각이 오간다. 떠나는 사람에게 서운하게 하면 남은 사람들의 마음을 얻기가 힘들다. 함께할 사람이 신뢰하고 감동할 수 있도록 준비된 보냄이 필요하다. 수많은 떠남과 만남 속에 나는 어떤 마음으로 행동을 했고, 할 것인가?

자기 자신은 과연
어떤 노력을 했나?

· 항상 남 탓을 하는 사람 ·

중요한 임원 인사에 관하여 신문을 통해 알게 된다면 어떤 기분일까. 회사의 해외 투자 계획과 중요한 의사결정을 외부인을 통해 듣게 되었을 때 무슨 생각이 드는가? 부끄러울 수도 있고 회사방침에 대해 화가 나기도 할 것이다. 소통에 관한 직원들 게시판을 읽어 보면 다음과 같은 불만이 많다.

자신이 제안한 보고서를 상사가 읽어 보지도 않고, 그 어떠한 피드백도 주지 않는다. 경영층의 결정사항이 전달되지 않고 무엇을 하고 있는지 모르겠다. 팀의 사소한 이야기라도 자신에게 하라고 하면서 정작 자신은 어떤 사항도 전달해주지 않는다. 회사의 경영현황이나 중요한 이슈들에 대해 알지 못하고 외부를 통해 듣는다. 타 부서에 지원을 요청하면 할 수 있음에도 그 어떠한 도움도 주지 않는다. 게시판은 수정되지 않고, 회람이 제대로 전달되지 않는다. 회사에 대한 제안을 해도 받았다는 피드백이 없다. 보고는 리더만 들어가고, 미팅이나 회식도 직급별로 이루어진다 등등.

A기업을 컨설팅하는데, CEO가 이런 걱정을 한다. "우리 회사의 문제는 '소통'이다. 내 이야기가 현장에 전달되지 않는데, 어떻게 하면 되겠느냐?" 이렇게 묻는 CEO에게 나는 되물었다. "현장의 이야기가 사장님에게 전달되요? 현장에서 어떤 일이 일어나고 있는가 알고 있나요?" 소통이 안 되는 회사나 조직을 보면 공통점이 있다. 내 탓이 아닌 전부 남 탓을 한다는 점이다.

· 김 사장의 호통 ·

영업본부 관리자 이상의 긴급회의가 있었다. A지점에서 여직원의 횡령사건이 발생한 것이다. 미수금을 조작하여 5억 원이 넘는 돈을 3년 넘게 횡령하고 잠적하였다. 여직원이 출근하지 않아 이를 이상하게 여겨 확인한 결과 횡령 사실을 알게 되었다. 영업본부장인 김 사장은 어떻게 이런 일이 발생하게 되었냐고 관리자에게 물었다. 담당 지점장은 영업관리팀에서 점검을 했으나 이상한 점이 없다고 피드백해서 믿었다고 말했다. 영업관리팀은 현장에서 올라오는 전표를 보며 처리하는데 전표에는 이상이 없었다고 한다. 사실 현장 관리자나 영업관리팀에서 조금만 신경 쓰면 쉽게 알 수 있는 일이었다. 자신의 책임임에도 불구하고 회피하려는 관리자를 보며 김 사장의 호통은 시작되었다. 자신의 잘못을 인정하고 대책을 세워도 부족한 시점에 남 탓만 하고 있는 관리자에게 무엇을 했어야 했는가를 물었다. 다른 지점의 관리자들에게 지금 어떻게 하고 있는가를 전부 이야기하라고 했다. 대부분의 관리자들이 일정 금액의 미수금을 갖고 있었다. 미수금이 많다는 것은 그만큼 회사 재무 상태가 안 좋다는 것이며, 위험 부담이 크기 때문에 미수금 회수가 제품을 판매하는 것 이상으로 중요하다고 몇 번을 강조했으나 상황이 호전되지 않았다. 김 사장은 모든 지점의 미수금 현황을 1원도 틀림없이 전수 조사하도록 지시했다. 1주 후, 파악된 금액은 지점장들이 적어낸 미수금의 금액보다 무려 2배가 넘는 금액이었다. 좋은 게 좋은 것이라는 안일한 생각과 순간의 위기를 피해 보려는 관리자들이 의외로 많았다. 김 사장은 관리자 한 명 한 명을 면담하며 리더가 당연히 해야 할 일을 하지 않았을 때, 직원들이 무엇을 배우고 어떤 행동을 하겠느냐고 강조했다.

· 자신은 과연 어떤 노력을 했는가 먼저 생각하라 ·

학생 한 명으로부터 메일을 받았다. 조별과제 점수가 억울하다는 내용이었다. 해당 학생은 팀 과제에서 자신이 자료를 수집하고 발표 자료를 혼자 작성했다고 한다. 하지만 같은 조원들이 과제수행에 불성실하게 참여해 낮은 점수를 받았다며 억울하다고 한다. 발표 자료를 작성한 것과 발표자를 선정한 것은 조원들이다. 그러니 결과에 대한 책임도 그들의 몫이다. 발표가 중요하다면 사전에 발표 연습을 하게 해야 한다. 피드백을 줬어야 한다. 보다 좋은 점수 얻기를 원했으면, 교수에게 사전에 자료를 보내 피드백도 받았어야 한다. 이러한 노력 없이 발표자의 잘못으로 자신이 낮은 점수를 받게 되었다며 억울하고 분한 내색을 한다. 학생의 출결과 개인과제를 살펴보았다. 샌드위치 휴일인 날은 결석하였고, 개인과제는 분량만 채우는 수준이었다. 팀 과제를 하기 전의 활기찬 에너지는 어느덧 사라져 있었다. 냉랭한 분위기가 느껴져 해당 조의 조원 3명을 불렀다. 팀 과제에 대한 소감을 개별적으로 물어보았다. 발표를 담당한 학생만 자신의 잘못이라고 한다. 여러 사정으로 깊게 파악하지 못하고 시간이 촉박하여 읽는 수준으로 할 수밖에 없었다고 한다. 왜 다른 학생에게 도움을 청하지 않았느냐고 물었다. 학생이 말하기를 자신이 해야 할 일이고 담당을 정했으니 할 수밖에 없었다고 한다. 다른 조원들에게 도움을 요청해보았냐고 물으니 해당 학생이 대답한다. 다른 조원들에게 도움을 구해도 조원들은 발표자가 담당한 일이니 발표자가 알아서 처리하라고 했다는 것이다.

소통이 안 되는 회사의 불만을 살펴보며 이런 생각이 들었다.

일이 일어나기 전에 자신은 과연 어떤 노력을 했는가? 회사의 상황이나 이슈가 알고 싶으면 재무나 전략부서를 찾아가 물어보았다면 알 수 있는 일 아니겠는가? 상사의 대답을 기다리기보단 찾아가 물어보면 안 되었는가? 불만을 표출하기 전에 먼저 자신은 어떤 노력을 했는가?

사람 보는 눈이 있는가?

· A사원 때문에 미칠 지경이다 ·

A사원은 공채로 입사한 지 3개월 된 신입이다. 출퇴근만 할 뿐 업무에 임하는 마음가짐과 자세가 엉망이다. 30부 복사를 부탁하면 30부 복사만 한다. 이 서류가 왜 필요한지, 복사 후엔 어떻게 할 것인지에 대해 묻지 않는다. 외부 손님이 와도 자기 손님이 아니면 신경을 쓰지 않는다. 과거에는 총무팀에서 팀별 전달물이나 청소 등의 공동업무가 있으면 대부분 막내가 했다. A사원은 무조건 1/n이고, 대청소하는 월요일 오전은 항상 자리에 없다. 회의를 할 때는 자신이 나설 상황도 아닌데 꼭 나서서 불평한다. 정작 나서야 할 때는 침묵을 지킨다. 팀의 멘토인 김과장은 A사원 이야기만 나오면 두 손 두 발 다 들었다며 말 자

체를 회피한다. 팀원들은 모두 A사원 때문에 미칠 지경이라고 건의했다. 팀장이 A사원과 수차례 면담했지만 개선은 고사하고 자신은 아무 잘못이 없다고 반발했다. 도무지 대화가 되질 않는다. 팀장은 인사팀에 A사원에 대한 부서 이동을 요청했다. 통상적으로 고참 직원 때문에 조직이 경직되고 힘들어하는 경우는 있어도, 신입사원 때문에 팀워크가 약해지고 갈등이 생기는 일은 그리 많지 않다. 팀장과 팀원들은 A사원을 보며 생각했다. 회사의 직원 선발 기준과 프로세스에 문제가 있다고 말이다.

• 선발의 기준은 있는가? •

2차 세계대전 중 육군 참모총장이었던 조지 마셜 장군은 한 치의 실수 없이 약 600명 정도의 장성과 사단장을 임명했다. 그는 최고의 트레이너 역량을 가지고 있지만, 상관과 불화가 많은 A대령을 사단장으로 임명할 때 보좌관의 반대에 부딪혔다. 마셜 장군은 "그에게 맡겨야 할 과제가 무엇인가? 이를 가장 잘할 사람이라면 배치해야 하는 것 아닌가? 상관과의 관계는 내 몫이다."라고 말했다. 마셜 장군은 결국 많은 이들을 임명하여 130만 군대를 최단시간에 창설할 수 있었다. 어떤 조직도 내부의 인적자원이 가진 능력 이상으로 잘할 수는 없고, 가장 중요한 것은 사람과 업무가 궁합이 맞아야 한다. 회사가 필요로 하는 일의 내용이 무엇이며 어느 수준으로 해야 하느냐가 분명하고,

이를 해낼 수 있는 인성과 실력을 가진 사람이 선발되어야 한다. 마셜 장군은 선발을 할 때 다음 5단계를 준수했다. 먼저 사람들에게 어떤 업무를 맡길 것인가 신중하게 고민했다. 그는 자질 있는 사람을 여러 명 두고 검토했다. 최적임자를 찾기 위해 적어도 3~5명 정도의 후보자를 두었다. 각 후보자의 강점을 파악하기 위해 성과 기록을 통해 적합한 강점을 찾고자 했다. 후보자들과 함께 일한 사람들의 조언을 들었다. 일단 결정하고 나면 지명된 사람이 그 업무를 잘 이해했는지 확인했다. 일을 맡고 90일 이내에 일을 어떻게 추진할 것인가를 서면으로 제출하게 했다.

기업이 직원을 선발할 때에는 3가지 요건은 반드시 갖추어야 한다.

첫째, 회사의 가치관에 부합되는 사람이어야 한다. 많은 기업이 입사지원서, 인적성 검사, 면접을 실시한다. 각 선발 프로세스 간의 연계성이 있어야 한다. 회사가 원하는 인성이나 가치관이 자기소개서, 인적성 검사, 면담의 질문에 반영되어 다른 영역에서 다각도로 평가할 수 있어야 한다.

둘째, 수행해야 할 직무의 내용과 수준에 맞는 실력을 보유하고 있어야 한다. 신입사원의 경우, 직무 적성과 능력에 맞지 않는 인재를 뽑아 가르치면 된다는 생각을 갖고 있는 회사도 있다. 하지만 적성과 배운 지식이 다르면 갈등할 수밖에 없다. 업무에 임하는 개인의 생각과 수준이 회사의 그것과 유사할수록 바람직하다고 볼 수 있다.

셋째, 일에 대한 자부심과 열정을 가져야 한다. 담당업무를 소중히 여길 줄을 알아야 한다. 도전의식과 열정으로 뭉쳐 있어 자신의 일에 자부심을 가질 줄 알아야 한다. 자부심을 가진 직원은 반드시 성과를 창출한다. 이끌려 다니지 않고 주도적으로 실행하고, 혼자가 아닌 함께 일하는 것을 즐긴다. 이런 마음가짐과 자세를 가진 자를 선발해야 한다. 결국은 선발하는 면접관의 사람 보는 눈이 높아야 한다는 것이다. 일에 쫓겨 아무나 면접관이 되면 안 된다. 사전에 역량이 되는 면접관을 선발하여 교육과 면접실습을 통해 누가 언제 면접을 해도 같은 결과가 나오도록 점검하고 교육해야 한다. 한 사람의 잘못된 선택이 조직에 미치는 영향은 너무나 크다. 1시간을 투자하여 한 사람을 뽑았는데, 이 사람이 일을 잘못하여 조정하려면 수십 일이 소요된다. 선발에 최대한 많은 시간을 투자하여 회사가 원하는 최고의 인재를 선발하는 것이 언제나 옳다.

성공하는 이들의
사람 관리 비결

· 인맥 관리, 이렇게 하라 ·

　리더로 선발되는 사람의 조건이 무엇인 줄 아는가? S그룹 신임 임원 교육을 담당할 때의 일이다. 임원이 되기 위해 가장 중요한 것은 무엇이냐고 물었다. 당연히 높은 성과라고 대답할 줄 알았다. 하지만 신임들의 대답은 달랐다. 대부분의 사람들이 자신은 그저 운이 좋을 뿐이었고, 임원이 되기 위해 가장 중요한 것은 좋은 인간관계였다고 답했다. 상사와 동료들에게 신뢰와 인정을 받고, 후배들에게는 롤모델이 되어 존경을 받아야 한다. 사람들과 좋은 관계를 유지하는 사람들에게는 비결이 있다. 이들은 상사에 대해서는 꿈과 목표, 애로사항, 업무 스타일, 장단점을 잘 알고 처신한다. 이들은 상사의 지시를 받고 일하지 않는다. 상사에 대해 잘 알고 있기 때문에 항상 상사가 원하는 일을 한발 먼저 보고하거나 처리한다. 수시로 찾아가 상사의 의중을 살피며 코드를 맞춘다. 일의 진행 상황을 앞서 보고하여 방향을 잃지 않게 하고 궁금하지 않게 한다. 또한 이들은 다른 이들과 불화를 일으키지 않는다. 모시는 리더가 옆 부서 리더와 사이가 좋지 않으면 직원들이 옆 부서를 찾아가거나 지원받기가 어렵기 마련이다. 리더는 인간관계 갈등을 일으키는 사람이 아니다. 높은 성과는 기본이고, 좋은 관계를 구축하고 활용하는 사람이다.

· 아버지의 꿈 ·

지인 부친의 부고 소식을 접했다. 나이 90을 바라보는 고인이 돌아가시기 전 아들에게 남긴 말은 짤막했다. 사회에 기여하는 삶을 살라는 것. 그것이 고인의 유언이었다. 예부터 우리나라는 다음과 같은 인간의 도리를 강조한다. 부모에게는 자식으로서 효도할 것. 아내에게는 남편으로서의 도리를 다할 것. 자식에게는 부모로서의 책임감을 다할 것을 강조한다. 이 중에 가장 힘든 것은 바로 자식으로서의 효도이다. 일제 강점기와 6·25전쟁을 경험한 아버지 시대의 분들은 당장 먹고살아야 했기에 꿈이 있어도 꿈을 실천할 여유가 없었다. 그 세대의 아버지들의 학력은 대부분 국졸이었다. 이분들의 마음에는 공부에 대한 열망이 있었다. 당신들은 채우지 못한 그 열망을 자식들에게 곧잘 쏟아 부었다. 나만 고생하면 된다는 생각으로 몸이 부서지는 것을 참아냈다. 이제 가진 것 없이 인생의 뒤꼍에서 성장한 자식 자랑에 여념이 없다. 당신들이 그토록 하고 싶은 공부, 그림, 여러 활동을 못 하게 한 국가와 지도자에 대한 감정은 하나도 없다. 그저 조국과 사회에 기여하는 사람이 되라고 한다. 그것이 꿈이라고 한다.

내리사랑이라는 말이 있다. 마냥 어리기만 하던 자식이 어느새 성장하여 결혼을 하고 아이를 낳았다. 그렇게 부모가 되었다. 자신을 낳아 준 부모는 언제까지나 자신을 돌볼 줄 알았나 보다. 자신이 낳은 자식에게 온 정성을 다하는 동안, 자신을 낳아준 부모는 늙어 가난과 아픔 속에서 죽음을 향해 한 걸음 한 걸음 걸어간다. 요즘은 부모의 임종을 보지 못하는 자식들이 많다고 한다. 어느 날 갑자기 부모의 임종 소식을 듣는다. 그것도 식구가 아닌 남으로부터 듣게 된다. 돌아가신 다음에야 후회한들 무슨 소용이 있겠는가? 나조차 실천하지 못한 효도를 감히 내 자식에게 바랄 수 있겠는가?

• 어느 수준으로 바라보는가? •

A기업 인사담당자를 대상으로 한 강의를 시작했다. 강의를 시작하며 나는 다음과 같은 3가지 질문을 했다. 첫째, 직장인이

반드시 갖고 있어야 할 생각 2가지가 있다면 무엇인가? 둘째, 인사HR의 정의를 어떻게 내리겠는가? 셋째, 3년 후 바람직한 모습과 전략, 중점과제와 원칙이 있는가? 이에 대한 대답을 할 수 있어야 할 것이다.

CEO(최고경영자)가
• HR담당자에게 기대하는 바는 무엇일까? •

첫째, 직원의 만족도 향상이다. 직원들이 회사와 직무에 만족스러워하며 근무하기를 원하는 단계로 인사부서가 직원들의 니즈를 파악하고 이들이 불만하지 않도록 관리하라는 수준이다.

둘째, 조직과 직원의 역량 강화이다. 인사담당자가 사업과 연계해 조직과 직원의 역량을 강화하고 회사가 성장할 수 있도록 한다. CEO 본인도 교육에 적극적으로 참석하고 관심을 갖는다. 조직과 구성원의 성장 정도를 점검하는 수준이다.

셋째, 회사 성과에 기여로 구체적인 성과 창출이다. 인사부서가 지원부서가 아닌 회사 성과를 견인하는 리딩조직이라는 생각을 갖고 있다. 사업과 연계하여 선 조치하기를 원한다. 사람이나 제도가 제품과 서비스를 앞설 수 있도록 방향과 전략을 수립하고 추진하기를 기대한다. 수행하는 일이 추구하는 바가 무엇이며 어떤 성과를 창출할 것인가 고민하고 실행해 성과를 창출하는 것을 바라보는 수준이다.

넷째, 인사담당자가 조직과 직원, 회사를 변혁시켜 가길 바란다. 인사부서가 변화의 추이를 읽고 선제적으로 대응하여 기본적으로 예방의 측면뿐 아니라 기회선점을 하길 원한다. 인사부서를 통해 전 조직과 직원들이 항상 깨어 있고, 고민하며 자신이 담당하는 역할과 일에서 변혁을 추구하여 지속 성장하는 회사가 되길 바라는 수준이다.

어느 수준으로 조직과 직원을 이끌어 가는지에 따라 조직과 직원은 실력을 갖추고 성장한다.

수준이 높으면 높을수록 어려운 사항에 도전하고 성취할 가능성 역시 높아진다. 리더가 낮은 수준으로 조직과 직원을 이끌면, 조직과 직원 역시 낮은 목표의식을 갖게 된다. 혼자의 힘으로 일을 해결하지 못하고 안일하고 게을러진다. 리더의 수준에 따라 해당 기업의 성장 정도는 판이하게 달라진다. 직원의 성숙도가 낮아도 높은 수준으로 이끌어 역량을 강화하는 것이 바로 리더의 역할이다.

어떻게
키울 것인가?

· 세 살 버릇 여든까지 간다 ·

대학에서 수업을 하는 교수가 가장 황당하고 힘이 빠지는 경우가 있다면 언제일까? 수업시간에 집중하지 않거나, 질문을 해도 대답하지 않는 것은 견딜 수 있다고 한다. 그보다 더 힘든 건 바로 오전 9시 수업에 참석하는 학생들의 수가 현저히 적을 때다. 정원이 30명인 수업이 있다고 가정해 보자. 이 수업에 참석한 학생이 고작 3명일 경우엔 가르치는 사람의 심정이 어떻겠는가. 학생들이 수업을 기다리며 영롱한 눈망울로 집중하는 모습을 생각하며 열심히 강의 준비를 했는데, 30명 중에 3명밖에 없으면 여러 생각이 머릿속을 스칠 것이다.

아이들이 자신의 역할은 하지 않고 남을 탓하는 모습을 보면 어떤 자세를 취하는가? 이럴 경우엔 아이들에게 무엇을 강조하고 어떻게 키워야 할까? 모든 부모는 자신의 자식이 사회에 기여하는 존재가 되기를 원하지, 사회의 병폐가 되길 원하지 않을 것이다. 아이를 키우려면 이 3가지만큼은 반드시 하라고 했다.

첫째, 방문은 항상 개방해라. 둘째, 아침 인사부터 취침인사까지 모든 인사는 철저히 해라. 셋째, 자신의 일을 자신이 하기 싫다고 남에게 부탁하지 마라.

지금 아이들에게 무엇을 강조하고 있는가? 바쁘다는 이유로 잘하고 있다고 믿거나, 학교 또는 자신이 아닌 그 누구에게 맡기고 있는 것은 아닌가? 소중하다면 그 소중함을 간직하는 것만으로는 부족하다. 적극적으로 관심을 갖고 표현하며 가치를 향상시켜야 한다. 인정과 칭찬이 매우 중요하지만, 때로는 진정성이 느껴지도록 엄한 질책도 중요하다. 품 안의 자식이 아닌 사회 구성원으로 홀로 설 수 있도록 말이다. 존재의 이유, 올바른 방향과 목표, 철저한 계획, 악착같은 실행과 점검을 통해 보다 바람직한 모습으로 성장하도록 본을 보여야 한다.

자식이 버릇없다는 말을 주변 사람에게 듣는다면 화가 난다. 마찬가지로 직장에서 함께 근무하는 직원이 무능하고 이기적이며 예의가 없다는 말을 듣는다면 리더로서 자격과 역할수행은 논할 가치가 없다. 자식을 보고 부모를 평가하듯, 직원을 보고 그 리더를 평가하게 된다.

어른이라면 어떻게 할까?

살면서 다음과 같은 이들을 목격한 적 있는가?

· 버스나 전철에서 어르신이 서 있는데 계속 앉아 있는 젊은이
· 길에 침이나 껌을 뱉는 건장한 청년
· 공원에 모여 담배를 피우는 학생
· 슬리퍼를 신고 거리를 걷고 있는 학생
· 인사도 하지 않는 직원
· 자신의 일이 아니라고 할 수 없다며 냉정하게 자리로 돌아가는 직원
· 누군가는 해야 할 일임은 알지만 나만 아니면 된다는 사고로 가득 찬 직원

이러한 이들을 보았을 때 어떻게 행동하는가? 상대방의 행동이 옳지 못하다는 것을 알면서도 여러 이유로 침묵한 적은 없었는가? 만일 세상이 위와 같은 이들로 가득하다면 우리의 미래는 어떻게 될까? 젊은이들이 '들키지만 않으면 된다, 재수 없이 나만 걸렸다'라는 생각보다는 '하지 말아야 할 일은 해서는 안 된다'는 의식이 뿌리 깊게 심어져 있어야 한다. '바늘 도둑이 소도둑 된다'라고 한다. 어릴 적부터 잘못한 일이 있으면 다시는 못하게 했어야 하는데, 방치하고 무관심하다 보니 자신이 하는 행동이 얼마나 큰 잘못인 줄도 모르는 경우가 있다. 심한 경우엔 죄 짓는 일 자체를 즐기게 된다. 몰라서 한 행동도 문제다. 그

보다 더 큰 문제는 바로 가르치지 않거나 지적하지 않아 잘못이 고착화되는 일이다. 그것이 잘못인 줄도 모르는 일이 가장 큰 문제라고 할 수 있다.

많은 노인 분들이 우리나라의 미래를 걱정한다. 우리는 젊어 고생도 해봤고 살 만큼 살아 괜찮은데, 젊은이와 다음 세대가 걱정된다고 한다. 우리나라는 지난 60년 동안 눈부신 성장과 발전을 이루어 왔다. 발전의 원동력은 선배들의 희생과 노력 아닐까? 그렇다면 우리 사회 지도층 인사와 60세 넘은 사회의 어른들이 할 일은 후배들에게 향후 60년을 이끌 옥토를 남겨주고, 이를 이끌 만한 강하고 올바른 인재를 키우는 것이 아닐까? 큰 것부터 하라는 것이 아니다. 길에 쓰레기를 버리지 않고, 침을 뱉지 않는 것. 이와 같이 기본적인 도덕규범부터 지키자. 어른이라면 어른답게 생각하고 행동해야 한다. 그렇지 못한 어른은 부끄럽지 않겠는가? 부끄러워야 한다.

· 관계의 기본은 소통이다 ·

어느 날 TV에서 다음과 같은 장면을 본 적 있다. 프로그램 참석자들이 말을 할 수 없도록 조치한 후, 일렬로 늘어세운다. 가장 첫 번째 주자가 된 사람에게 특정 단어를 제시한다. 말을 할 수 없는 첫 번째 주자는 두 번째 주자에게 해당 단어를 설명한다. 단, 조건이 있다. 말로 설명하는 것이 아닌 몸동작으로만 해당 단어에 대해 설명해야 한다. 한마디로 바디랭귀지를 하는 것이다. 그런 식으로 두 번째 주자가 해당 단어를 알아듣고, 세 번째 주자에게 같은 방식으로 설명한다. 이런 식으로 가장 마지막 주자에게 전달한다. 마지막 주자, 즉 최종 사람은 첫 번째 주자가 제시받은 단어를 맞춰야 한다. 그래야만 게임에서 이길 수 있다. 하지만 맞추기가 어디 쉬운가. 제시 단어가 무사히 최종점에 도착하리란 법은 없다. 전달 도중에 곡해되거나 와전되어 전해질 확률이 높기 때문이다. 그러한 일련의 과정을 지켜보다 보면 절로 웃음이 나온다. 이러한 웃지 못할 일이 우리 기업에서도 일어나고 있지 않을까?

A기업을 컨설팅을 할 때의 일이다. CEO는 자신의 말이 가장 말단직원에게까지 전달이 안 된다고 걱정이라고 한다. 중간 관리자가 전달을 안 하거나 심한 경우 자기 생각대로 왜곡하여 전달한다는 것이다. 이 회사의 구성원들은 더욱 심각하다. 회사가 추진하는 제안제도뿐만 아니라 어떠한 소통 장려 프로그램에도 참여하지 않는다. 제안을 해도 피드백이 없고, 리더에게 여러 차례 개선을 요구하였지만 기다려보라는 말밖에 없었다고 한다. 회사를 위한 자신의 제안이 경영층에 전달되지 않는다는 불만이 컸다. 하긴 30명이 한 층에서 함께 근무하는 중소기업도 소통이 안 된다고 아우성이다.

최근 환경이 어려워지다 보니 기업들이 전부 축소 내지는 절약을 강조한다. 조직 분위기는 자연스레 위축되고 구성원들 사이에선 흉흉한 소문이 떠돈다. 더러는 소문을 쉽사리 믿게 되는 경우도 발생한다. 결국 회사가 어렵게 추진하는 비상경영 방안이 구성원에게 제대로 전달되지 않아 그 성과를 얻지 못하거나 실패하게 된다. 그래서인지 많은 기업들이 소통을 강조하고 있다.

최근 몇 년간 구성원의 의식조사 결과를 지켜보면, 대부분 기업들의 소통 수준은 향상되고 있다. 그러나 경영층은 여전히 "회사의 전략을 수차례 전달했음에도 불구하고 아직도 구성원이 모르고 있다. 전 구성원이 정보를 공유하는 것 같지 않다.", "필요한 정보가 필요한 사람에게 가야 하는데, 공유가 안 되고 있다."라고 이야기한다. 동일한 사안에 대해 구성원들은 "회사의 주요 사업의 진행 현황이 궁금하다." "회사의 주요 뉴스를 신문을 통해 알게 된다."라고 볼멘소리를 한다. 관리자에게 회사의 소통 내용과 수준을 물으면 어떤 대답을 할까? 대부분의 대기업은 경영현황 설명회 등의 상의하달 소통, 각종 회의를 통한 수평적 소통과 구성원 제안 제도, 동호회, 영보드(청년 중역) 등 하의상달의 소통을 하고 있다. 하지만 이러한 소통을 위한 활동이 조직과 구성원을 한 방향으로 이끌고 성과를 창출하는 수준으로 가기에는 개선할 부분이 있다고 전 임직원이 생각한다. 회사의 일방적 전달로 진정성이 없다고 한다. 이처럼 노력은 하고 있는데 어째서 소통이 안 된다고 아우성일까? 그 이유는 다음과 같다.

첫째, 조직 내 계층 간 직위 또는 직책의 벽이다. 어떤 회의는 특정 직책이나 직위에 있는 사람만 참석하게 된다. 또한 보고나 회의 시, 직책자 혼자만 들어가는 경우가 있다. 그러다 보니 최고 경영층의 지시사항이 중간관리자에 의해 끊어지거나 변질되는 경우가 있다.

둘째, 경영방침, 전략, 목표, 핵심가치 등에 대한 이해 부족이다. 같은 말을 들었더라도 회사 전반의 철학과 현황을 제대로 알지 못하면, 자칫 상대의 말을 왜곡할 수 있다. 회사의 입장이 아닌 자기 입장에 맞게 해석하여 처리했기 때문이다.

셋째, 업무의 세분화, 전문화로 인한 단절이다. 사람은 누구나 자신의 눈에 관심 있는 것만 보인다고 한다. 자신에게 필요한 정보만 전달하고 듣다 보니 앞뒤가 잘린 중간 내용만을 가지고 일을 하거나, 남의 일은 어떻게 되어가는지에 대한 관심이 없어 문제가 발생하는 일이 허다하다.

넷째, 정보를 가진 자의 독점에서 오는 단절이다. 정보를 권력으로 생각하는 이들에게서 발생하는 문제다. 다른 직원들과 중요정보 공유를 꺼리는 경우로 주로 리더와 전문인력이 이와 같은 모습을 보인다.

다섯째, 정보전달의 왜곡 또는 우회로 인한 오해와 불신의 벽이다. 기록하여 확인하는 절차가 누락되면 자칫 오해가 빚어지기도 한다. 본질에서 벗어난 정보가 제공되거나, 당사자에게 전달하지 못하고 제3자에게 전달됨으로써 정확한 내용이 공유되지 못하는 데에서 오는 결과이다.

여섯째, 실패에 대해 가차 없는 조직문화이다. 실패에 대한 처벌이 강하면 자기 방어 분위기가 확산된다. 이럴 경우 조직과 자기 부서에 해가 되는 일과 이야기는 하려 들지 않는다. 또한, 남이 자기 부서 이야기를 하면 그것을 비난으로 받아들인다. 결국 타 부서 직원에게 변명을 하거나 언쟁을 벌이는 사태까지 나아간다.

일곱째, 리더와 개인의 무관심이다. 회사는 열심히 사내 인트라넷에 각종 소식을 공개하지만, 정작 리더나 개인이 정보를 얻기 위한 노력을 하지 않고 회사의 소통에 대한 불만만 늘어놓는 경우이다.

보다 전략적이고 성과를 창출하는 소통을 위해 먼저 조직과 채널을 정비하라. 먼저 '소통 장애'라고 불리는 위의 현상들을 우선적으로 없애야 한다. 또한 효과적인 소통을 하기 위해서는 다음과 같은 조건들이 필요하다.

첫째, 소통 활성화를 위한 전략 수립이다. 담당조직 구축 및 전문가 육성이 필요하다. 소통 채널의 정비, 일관성 있는 소통 전략과 공유, 소통내용의 수준 및 효과 분석, 사내 소통 전문가 육성, 소통 사례의 전파, 리더 면담과 협상교육 등과 같은 업무를 체계적이고 지속적으로 추진해야 한다.

둘째, 토론 공간의 마련이다. 자신의 의견을 최고 경영자에게 솔직히 보고할 수 있는 채널을 만들어 자발적이고 우호적인 분위기를 조성해야 한다. CEO에게 보고하기 위해서는 층층이 조직 위계를 지키고, 직원들 한 명 한 명을 다 설득시켜 가야 하는가? 만약 그렇다면 그 조직은 이미 경쟁력을 잃은 조직이다. 자신이 옳다고 판단하는 아이디어를 자유스럽게 내놓을 수 있는 그런 분위기가 조성되어야 한다. 그러기 위해선 밤샘 토론을 통해 고민사항을 해결할 수 있는 소통 채널을 만들고 경영층부터 참여해야 한다.

셋째, 다양한 의견을 존중하는 분위기와 문화를 조성해야 한다. 나와 다른 의견을 받아들일 줄 아는 여유와 유연함이 필요하다. 실패를 용인하는 자세가 필요하다. 만약 조직 내에 반대 의견을 용인하지 않는 분위기가 팽배하다면 어떨까. 어떤 갈등이 발생했을 경우 양측 모두 자신이 옳다는 목소리만 내세울 것이다. 조직 내부의 분열을 단순히 개개인 간의 이기고 지는 싸움으로 생각해선 안 된다. 직원들은 모두 한 배를 탄 선원들이다. 성공을 향해 뱃머리를 돌릴 수 있도록 협력해야 한다. 그러기 위해선 나와 다른 의견에 대한 존중과 수용의 자세가 필요하다. 실패에 대한 마음가짐 역시 마찬가지다. 실패를 경험함으로써 단점을 보완할 수 있다. 한 발자국 더 나아갈 수 있다. 얼마든지 생산적인 결과로 이끌어 갈 수 있다. 그러니 지레 낙담하지 말자. 만일 어느 직원이 실패했다면 그에게 호통을 치고 질책하는 대신 주의를 주자. 그 후에 앞으로의 대책을 마련해 볼 방법을 연구하도록 권한다면 보다 발전적인 결과를 얻을 수 있을 것이다.

만일 이러한 문화와 분위기가 조성되지 않는다면 어떻게 될까. 대부분의 직원들이 수동적인 자세를 취할 것이다. CEO의 지시가 없으면 아무 일도 하지 않고 누군가 시키면 시키는 일만 하는 복종과 패자의 문화만 남게 될 것이다. 실패를 용인하는 제도를 만들고 그 사례들을 알려야 한다. 지시일변의 회의 분위기를 바꿔야 한다. 많은 방안이 있지만, 단 하나라도 진정성 있게 전달되어 공감하면 이를 바탕으로 하여 조금씩 개선이 일어난다. 내가 머물고 있는 회사가 잘되길 바라는 마음이 더 크기 때문이다.

· 이런 사람이 되었으면 좋겠다 ·

오랜만에 수업, 강의, 약속이 없는 날이었다. 집 안에서 밀린 강의안과 기고한 글을 작성했다. 학생 평가도 했다. 작년에 있었던 개인적인 대소사를 머릿속으로 가만히 훑어보았다. 일명 10대 뉴스라고나 할까. 무슨 일들이 있었던가. 딸의 결혼, 대학 강의, 책 2권 출판, 100번 넘는 기업 강의, 키르기즈스탄 초청 강의, 서울시 조직문화 자문위원, 중도일보 및 한경닷컴 기고 등 수많은 일을 했다. 그 과정 중에서 많은 분들을 만났다.

가만히 생각해 본다. 내가 과연 지금 잘하고 있는 것일까? 나는 어떤 사람으로 기억되면 좋을까?

주변에 이런 사람들이 있었으면 좋겠다.

힘들고 외롭고 지쳐 있을 때, 어깨를 기대거나 위로 받을 수 있는 사람. 술기운에 번뜩 떠올라 대뜸 전화 걸어 보고 싶다고 말할 수 있는 사람. 집 안에 있던 후줄근한 모습 그대로 뛰어나가 담소를 나눌 수 있는 사람. 밤 11시가 넘은 시각에도 소주 한 잔하자고 부를 수 있는 사람. 길에서 우연히 마주쳤을 때 만사를 뒤로하고 함박웃음 지으며 기뻐할 수 있는 사람. 내가 돈이 없더라도 솔직히 말하며 밥 한 끼 얻어먹을 수 있는 사람. 함께 여행하며 서로를 의지할 수 있는 사람. 알게 된 지 얼마 되지 않았지만 보고 싶고 생각나는 사람.

내가 이런 사람들의 마음속에 간직되어 있다면 행복할 것이다. 나 역시 그들에게 내 마음을 적극적으로 표현하는 사람이 되면 좋겠다.

• 자식에게 무엇을 남겨줄 것인가? •

팀장 리더십 교육 강의를 진행하면서 수강생 분들에게 물었다. "1주일에 책을 몇 권 읽습니까? 혹시 1권 이상 읽는 팀장님 계시나요?" 내 질문에 단 한 명도 손을 들지 않았다. 이번엔 질문을 바꿨다. "한 달에 한 권 이상 읽는 분 계시나요?" 수강생 53명 중에 5명이 손을 들었다. 읽은 책을 정리해서 공유하는 팀장은 한 명도 없었다. 사랑하는 자식에게 물려줄 소중한 첫 번째는 바로 책을 읽고 정리하고 공유하는 습관이다.

자식들도 언젠간 장성해서 사회의 한 구성원으로서 살아가게 될 것이다. 많은 일들을 수행하고 사람들도 만날 것이다. 그 삶 속에서 비전과 목표를 정하고 시간의 소중함을 깨달았으면 한다. 자식들이 일과 사람을 소중히 여겼으면 한다.

학생들에게 1년 동안의 사회 봉사활동 시간을 물어보았다. 고등학교 때에는 학교에서 정기적으로 봉사활동을 했지만, 대학에 와서 봉사활동 시간이 많이 줄었다는 대답이 돌아왔다. 학교 주관의 참여 차원이 아닌 주도적으로 계획하고 실천하는 사회봉사활동을 하는 학생은 한 명도 없었다. 일정 나이가 지나면 사회에 진 빚을 갚아야 한다고 생각한다. 더불어 함께 살아가는 사회이기 때문이다. 나이가 어리고 가진 것이 없다는 이유로 받기만 하는 것은 곤란하다. 나누며 배려하고, 감사하며 미안해 할 줄을 알아야 한다. 감사와 배려하는 마음으로 함께 살아가는 지혜를 물려주고 싶다.

• 좋은 인간관계를 맺는 10가지 비법 •

기업에서 팀장이나 임원이 되기 위해서는 남들보다 뛰어난 성과는 기본이다. 그러나 성과보다 더 중요한 평가요소가 있다. 바로 인간관계이다. 올바른 품성과 가치관을 갖추고 있는가? 조직과 구성원들에게 신뢰를 받고 제대로 팀워크를 발휘하면서 이끌고 있는가를 심사한다. 직장뿐 아니라 사회생활에서 좋은 인간관계를 맺고 유지하는 사람은 인정받는다. 평소 생각한 좋은 인간관계를 맺는 10가지 방법을 정리하였다.

(1) 힘없는 사람에게 잘해라

지금 힘이 없는 사람을 우습게 보지 말고, 백 번 도와주어라. 단, 평판이 좋지 않은 사람은 경계하라. 본청 과장으로 있던 이 과장이 어느 날 먼 지방 국장으로 발령이 났다. 본청 과장으로 있을 때에는 수많은 사람들이 찾아왔지만, 지방으로 발령이 난 후에는 2년 동안 찾아온 사람은 몇 명 되지 않았다. A기업의 홍길동 팀장만 수시로 연락하고 찾아가 식사를 함께했다. 지방 근무를 마치고 대통령을 수행하는 자리로 발령을 받은 이 과장은 홍길동 팀장의 전화만은 받는다. 직장 생활을 하면서 평소 인연을 맺은 사람은 물론, 보안실 직원, 청소하시는 분, 주변 음식점 종업원에게 할 수 있는 한 백 번 도와줘라.

(2) 평소에 잘해라

평소에 연락이 없던 지인이 아쉬울 때 찾아와 부탁하면 어떻게 하는가? 이전의 관계에 따라 다르겠지만, 도와주고 싶은 생각이 들지 않을 것이다. '무소식이 희소식'이라고 하지만, 자주 연락하고 평소에 잘한 사람에게 마음이 끌리는 것은 당연하다. 하루 10명의 지인들에게 전화 또는 문자를 보내고, 관심을 보여라.

(3) 소중한 사람에게는 보다 더 적극적으로 표현해라

'부모님은 내 마음을 알아주겠지.' 하며 마음을 표현하지 않는 자식이 있다. 분가하여 한 번도 전화하지 않고 사랑한다는 표현은 해 본 적이 없다. 어느 날, 부모님이 세상을 떠난 후 후회한들 무슨 소용이 있겠는가? 고마우면 고맙다고, 미안하면 미안하다고, 사랑하면 사랑한다고 큰 소리로 말해라. 마음으로 고맙고, 미안하고, 사랑한다고 생각하는 것은 인사가 아니다.

(4) 남의 험담을 하지 마라

남이 자신의 험담을 하고 있다는 사실을 알게 된 당사자는 불쾌할 것이다. 화도 난다. 자신이 하지 않은 일을 두고 나온 험담이라면 억울하기까지 할 것이다. 정작 험담을 한 사람은 자신이 무슨 말을 했는지도 모르는 경우가 대다수다. 험담을 하는 사람은 물론 험담을 전하는 사람조차도 경계해야 한다. 그 어떠한 경우에도 회사, 함께하는 사람, 자신이 하는 일에 대해서는 나쁜 말을 해서는 안 된다.

(5) 외부 네트워크를 구축해라

직장인들 중에는 내부 사람들하고만 지내는 경우가 많다. 외부 지인을 만나 네트워크를 구축하지 않으면, 우물 안 개구리가 된다. 내가 오래 속해 있던 회사에서 퇴직하게 되면 갈 곳이 없다. 퇴직 3개월이 지난 후, 친하게 지낸 직장의 지인으로부터 연락이 오는 경우는 거의 없다.

(6) 불필요한 논쟁, 지나친 고집을 부리지 마라

회사의 존폐가 달린 중요한 문제라면 끝까지 아닌 것은 아니라고 이야기해야 한다. 하지만 만일 새로운 가치나 성과를 창출하지 않는 논쟁이 벌어진다면 어떨까. 그런 논쟁에선 상대를 이기려 하지 않는 것이 옳다. 직장 내 싸움꾼을 좋아하는 사람은 한 명도 없다.

(7) 직장 돈이라고 함부로 쓰지 마라. 사실은 모두가 다 보고 있다

회사가 리더에게 법인카드를 지급하는 이유는 개인적으로 쓰라고 준 것이 아니다. 외부 사람들을 만나 회사의 이미지를 높이고, 성과를 창출하라는 의도에서 지급한 것이다. 회사에서 나의 소유라고 할 만한 것들이 있는가? 거의 없다. 내 사무실, 내 책상, 내 자리라고 하지만 실은 모두 회사 물건이다. 다른 곳으로 발령이 나서 그곳에서 일하다가 다시 이전 직장으로 돌아오면 어쩐지 어색하게 여겨질 것이다. 한땐 내 물건이라고 여겼던 것들이 모두 회사의 소유물이라는 사실을 새삼 깨닫게 된다. 그러니 회사 물건과 돈을 함부로 사용하면 안 된다.

(8) 약간의 금액이라도 기부해라

직급이 과장 이상이 된다면 베풀 줄을 알아야 한다. 어느 정도의 직급에 오른 대다수의 많은 사람들. 그들 역시 누군가의 보이지 않는 도움으로 인해 그 자리에 앉아 있는 것이다. 물론 본인의 노력이 가장 크다. 하지만 내가 세운 공 역시 남들이 따라주지 않았다면 빛을 발하기 어려웠을 것이다. 그러니 주변을 둘러보자. 내가 이 자리에 오르도록 많은 도움을 준 분들이 보일 것이다. 그분들과 사회의 이웃들을 위해 조금이나마 기부활동을 한다면 어떨까. 마음이 넉넉해지며 즐거울 것이다.

(9) 자기 자신을 발견하라

아침에 일어나 단 10분이라도 성찰의 시간을 가져라. 오늘 하루 바람직한 모습, 해야 할 중요한 일 6가지, 크게 웃는 장면을 2번 정도 생각해라. 혼자만의 시간을 갖는 습관을 가지면 하루가 행복해진다.

(10) 지금 이 순간을 즐겨라

인간관계를 잘하는 사람들의 공통된 특징은 지금 이 순간에 충실한다는 점이다. 그들은 현재를 즐기며 최선을 다한다. 과거는 이미 지났고, 미래는 오지 않았다. 지금 자신이 살고 있는 현재가 인생에서 가장 소중한 순간이다. '지금'을 잘 보내라. 그리하면 지금 현재가 먼 훗날 가장 좋은 추억이 될 날이 올 것이다.

• 힘들 때는 함께하세요 •

하루를 이끄는 사람들의 모습은 다양하다.

출근과 동시에 바쁜 사람도 있다. 커피 한잔하면서 해야 할 리스트를 정하고 조금은 여유를 갖는 사람도 있다. 사람으로 인한 스트레스가 심해도 갈 곳이 있고, 할 일이 있다는 것. 만날 사람이 있다는 사실에 행복하다. 이 행복을 이어 가기 위해서는 성과를 창출해야 한다. 일을 하면 쉬울 때도 있고, 힘들 때도 있다. 힘든 일을 할 때, '누가 힘든 나를 위로해 줄 수 있을까?'를 생각하며, 어깨에 기댈 사람이 있으면 좋겠다는 상상을 해본다. 물론 "너무 힘들다. 이제는 지쳤다."고 말하고 싶은 사람도 있을 것이다. 하지만 힘들다는 생각만으로 바뀌는 것은 하나도 없다.

지금 이 자리까지 오게 해준 많은 분들에게 감사한다. 내일보다 바람직한 모습을 상상한다. 나뿐만 아니라 주변의 모든 사람들도 힘들다. 그렇기에 서로의 등을 두드려주고 파이팅을 외치면 어떨까? 함께 즐기며 열정을 다할 때, 힘듦과 고민은 눈 녹듯이 사라질 것이다.

Chapter 4

직장에서
배우는
인간관계

끼리끼리 문화로
내부경쟁을 할 시기가 아니다

• 이너 서클(Inner circle) •

공기업만의 일이 아니다. 끼리끼리 문화가 기업과 온 조직에 만연해 있다. "A는 누구 편이고, B는 누구 편이야.", "이번에 누가 사장이 된다고 해. 전 사장 편에 있던 사람들 큰일이다.", "팀장과 정반대 편에 있는 B팀에 가서 농담 몇 마디 하고 왔는데, 팀에서 나를 바라보는 시선이 마치 스파이 보는 듯했어."

이너 서클의 문제는 한 회사만의 이슈가 아니다. 마치 전임자가 했던 일은 깡그리 무시하겠다고 작정한 것처럼 생각하고 행동하게 된다. 반대편 측근 세력도 가만 있지 않는다. 결과적으로 전임자가 했던 일들을 잘못된 의사결정이라 판단하고 하나하나 바로잡는다며 없앤다. 그것이 옳은 일이라고 생각한다. 이 중에는 전임자가 이전 전임자로부터 이어받은 원칙도 있고 약속도 있다. 전임자의 공은 사라지고 잘못만 남게 된다. 이전 전임자의 사람이 조직에 남아 있고, 전임자의 사람도 남아 있다. 현재 집권 세력이 힘이 있으니까 참고 있지만, 두고 보자는 생각이 그들에게는 있다. 이러한 회사의 조직문화엔 "이 또한 지나간다."는 생각이 널리 퍼져 있다. 미래를 생각하기에도 바쁜데, 내부의 경쟁과 갈등으로 조직이 썩어 간다.

• 이제는 통합의 리더십이 절실하다 •

살기가 어렵던 때가 있었다. 못 입고 못 먹고 못 살던 시대였다. 조그만 방 한 칸에 3~4명이 함께 잠을 잤다. 하루에 두 끼만 먹어도 행복하던 때였다. 먹을 것이 생기면 독식하지 않고 나눠 먹을 줄 알았다. 좋은 일이 생기면 다들 즐거워했다. 가진 사람이나 못 가진 사람의 구분이 크지 않았다. 그랬기에 행복했다.

상황이 바뀌어 가진 사람이 독식하는 문화가 형성되었다. 빈부격차도 심해지고, 한두 명을 낳아 오냐오냐 기르다 보니 공동체 의식이 사라졌다. 권력이 강해지면 더 많은 것을 누린다는 생각 때문일까. 더불어 살아가는 사회가 아니라 오직 내 자식, 나만 잘되면 된다는 사회로 변해 가는 듯하다. 주변을 둘러보면 내가 누리고 있는 것들이 전부 타인을 통해 얻어진 것들이다. 그럼에도 내가 돈 주고 샀으니 내 것이란 생각이 강하고 감사하는 마음이 없다. 언론을 보면 전부 승자의 논리만 내세우고 있다.

시간이 흐르면 언젠간 조직도 사라지게 된다. 우리나라에서 100년 이상 된 기업이 몇 곳이나 되는가? 수천 년 갈 것 같지만 100년도 가지 못한다. 나라 역시 절대 안 망할 것 같아도 힘이 없으면 망할 수밖에 없다. 얼마 전 태국에 간 적이 있다. 모시던 상사가 태국에서 석사를 받고 박사 수료를 했다. 1970년대 태국은 우리나라보다 매우 잘사는 나라였다. 최근에 가본 태국은 과거를 먹고사는 나라 같았다. 선조들의 문화유산으로 먹고살 뿐, 국민들의 생활을 보아하니 나라의 비전과 전략을 찾아보긴 힘들었다.

8년 동안 8명의 리더가 바뀐 조직을 맡은 적이 있다. 조직의 내부엔 패배주의가 팽배하였다. 그저 내 일만 하면 된다는 생각이 강했고, 시키면 한다는 주의였다. 전입한 A대리가 이 조직으로 옮기겠다고 하니, 담당 팀장이 극구 말렸다고 한다. 그 조직이 아닌 다른 조직으로 간다면 보내주겠고, 내가 너를 아끼기 때문이라는 말까지 덧붙이며 말렸다고 한다. 오죽하면 그랬겠는가. 이 조직의 가장 큰 병폐는 리더가 자주 바뀐다는 점이다.

어느 조직의 리더가 되었다면 리더로서 가장 먼저 해야 할 일은 직원들과의 면담이다. 면담을 통해 고민해야 할 질문들은 이렇다. 어떤 조직으로 만들 것인가? 이를 위해 무엇을 해야 하는가? 당신이 리더라면 무엇을 시급하게 생각할 것인가? 직원들이 지금 하고자 하는 직무가 무엇인가? 이런 것들을 파악해야 한다. 리더가 된 나는 직원들의 니즈에 따라 이동을 실시했고 조직의 3년 후 비전과 전략, 중점과제와 추진방안을 작성했다. 3개년 계획을 설명하며, 우리가 이런 모습으로 가기 위해 여러분의 단합된 힘이 필요하다고 역설했다. 직원들 한 명 한 명과 면담하면서 상대방의 얘기를 먼저 들었다. 이후에 3년 후를 향해 현재의 직무를 이렇게 바꿔가야 함을 강조했다. 과거가 아닌 미래를 강조했다. 이제는 통합을 보여줄 때라고 말이다.

가까운 나라, 일본은 나루히토 왕의 연호인 레이와를 환호해 부르며, 강성대국을 목표로 삼고 있다. 집권 7년 차로 아베노믹스를 부르짖던 아베 수상은 2%대의 실업률을 달성했고, 2020 도쿄 올림픽을 발판으로 국민총생산 600조 엔 고지를 향해 질주하고 있다. 미래 지향적인 가치를 향해 일본이 하나가 되어 나아가는 동안 우리는 '버닝썬'과 승리, 정준영, 김학의와 장자연, 조국, 법무부와 검찰, 국회 등의 부끄러운 기사를 전달하고 있었다. 세계는 미래를 이야기하는데, 우리나라는 과연 방향을 제대로 잡아가고 있는지 묻고 싶다. 국가가 하나의 거대한 플랫폼이 되어 미래 성장을 이끌 국가 철학과 원칙, 중점 과제를 정해 한 방향으로 이끌어야 한다. 과거의 경제개발 5개년 계획과 중화학공업 육성전략이 우리를 성장시켰다면, 새로운 변화를 선점할 수 있는 역량에 집중해야 한다. 향후 5년이 우리의 미래를 결정하는 중요한 분수령이 될 것이다.

• 내 주장만 한다면 •

회의를 할 때 참석자가 원칙을 갖고 논리적으로 이야기한다면 어떨까? 상대방의 생각이 나와 다르다고 해도 자연스레 귀를 기울이게 될 것이다. 하지만 반대로 상대방의 말에 논리가 없다면 어떨까? 무조건 자기주장만 반복한다면? 자신과 생각이 다르다는 이유로 책상을 치거나 거친 행동을 한다면? 게다가 상대방을 무시하거나 비난한다면 어떻게 하겠는가?

A팀장이 바로 그러한 경우에 속한다고 볼 수 있다. A팀장을 만나면 항상 알게 모르게 벽을 느끼곤 한다. A팀장은 정치, 종교적 취향이 분명하다. 보통은 정치 등 민감한 사안에 관해서라면 자신의 취향을 말하지 않는다. 하지만 A팀장은 자신의 믿음이 절대적이라고 주장한다. 누군가 자신과 다른 생각을 말할 경우엔 격분하는 타입이다. 주변 사람들은 언제부턴가 A팀장이 오면 자리를 피하거나 대화를 꺼린다.

B사장의 별명은 '버럭'이다. 회의 시간에 상대방이 자신과 다른 의견을 내놓으면 대뜸 버럭 소리부터 지른다. 모든 회의마다 버럭 소리를 지르니까 별명이 버럭이 되었다. 언젠가 본부장과 개인적인 식사자리를 가질 기회가 있었는데, 사장에 대한 그의 평가가 좋지 않았다. 본부장 외에도 다른 직원들에게조차 평판

이 좋지 않았다.

내 주장이 옳을 수도 있고, 틀릴 수도 있다. 진리라는 것은 시대마다 변하기 마련이다. 과거의 진리가 오늘날에도 적용되리란 법은 없다. 과거에 배웠던 지식과 경험이 현재의 역할을 수행하는 데 도움이 아닌 걸림돌이 되는 경우도 있다. 내 주장만하고 상대의 주장에 귀 기울이지 않는 것은 옳고 그름을 떠나예의가 아니다. 또한 어떤 문제는 옳고 그름의 문제가 아닌 다름의 문제일 수도 있다. 조금 더 열린 마음을 갖고, 유연한 사고를 해야 한다. 나와 다른 의견을 가진 상대를 만날 경우, 버럭소리만 지르며 우길 게 아니라 먼저 상대의 의견을 경청해야 할것이다. 경청을 선행한 후에 내 주장을 한 번 더 생각해 보는 사람이 되어야 한다.

· 기본부터 다지자 ·

성과관리 관련 강의를 하면서 수강생들에게 강조하는 말이 바로 기본을 다지라는 조언이다. 성과를 내기 위해서는 목표 설정과 관리부터 제대로 하라고 늘 말한다. 조직의 사업 목표는 대기업인 경우 통상 11월 말이면 결정된다. 하지만 팀원들의 목표는 당해 년도 3월에 결정된다. 목표부터 조직 전체와 팀원들의 생각이 다르다. 조직 따로, 개인 따로인 셈이다. 또한, 목표는 밑에서부터 설정되는 것이 아닌 리더가 사업, 회사, 조직의

R&R(역할과 책임), 직원의 역량을 보고 내려줘야 한다. 직원들이 목표를 정한다면 달성하기 쉬운 목표를 정하기 마련이다. 문제는 목표에 따른 실천계획을 작성하고, 월별 달성에 따라 조정해줘야 하는데, 이러한 노력이 보이지 않는다는 것이다. 목표 수립을 했다는 보여주기 식으로만 일을 추진한다.

과정관리도 개인별로 연간 목표의 진척률에 관심을 갖고, 최소 월별 면담을 통해 장단점과 일하는 방식이 성과지향이 되도록 지도해야 한다. 기록을 중심으로 공정한 평가가 되어야 한다. 리더들이 이렇게 해야 한다는 것을 알지만 하지 않는다. 현업의 일이 바쁘다는 핑계를 대지만, 사실은 게으르기 때문에 안하는 것이다.

현장에서부터 도전적인 목표와 과제에 대해 철저한 과정관리가 중요하다. 선제적 대응과 악착같은 실행으로 지금보다 한 단계 수준을 올려야 한다. 높은 목표를 가지고 끈질기게 덤벼들어 성과를 창출해야만 기업이 존재한다. 기업의 모든 조직과 직원들이 강하고 실력 있어야 한다. 그래야만 상대 기업에게 얕보이지 않고 성장할 수 있다.

· 먼저 제 역할을 다해야 한다 ·

일과 후 직원들과 회식하면 무슨 이야기를 나누는가?

많은 기업에서는 회식 때 회사 이야기는 하지 않기로 약속한다. 하지만 함께 생활하며 매일 보는 사람하고만 있는데 이와 관련된 이야기를 하지 않는 것은 쉽지 않다. 대부분의 직장인이라면 회사 근처의 식당에서 서너 명이 모여 회사와 상사에 대한 이야기를 나눈다.

회사와 상사 이야기를 할 때 무슨 내용을 어떻게 나누는가는 매우 중요한 문제다. 통상적으로 많은 직장인들이 회사와 상사에 대한 불만이 많다. 그에 반해 자신의 근무태도에 관한 성찰은 거의 없다. 업무처리 도중 어떤 문제가 발생했을 때 자신들이 이 문제를 해결하기 위해 어떤 일을 해야 한다는 대안은 없는 셈이다. 오로지 문제를 해결하지 못하는 회사와 상사에 대한 불만으로만 가득하다.

회사에 대한 불만만 가득하고 개선이 없다면 어떨까. 직원이 자신의 역할은 다하지 않으면서 불만만 얘기한다면 회사의 성장은커녕 개인의 성장 역시 발전하기란 불가능하다. 영업부서에서는 그저 편하고 가까운 지역만 선호한다. 구매부서는 질보다는 값싼 부품만 선호한다. 생산부서에서는 불량인 줄을 알면서 제품을 꺼내거나 치우지 않는 경우도 있다. 경영자는 조직을 축소하고 직원들을 퇴출한다. 그것이 개혁이며 회사를 위하는 일이라고 말한다. 이러니 과연 회사가 지속적으로 성장하겠는가?

모두가 자신의 편의만을 고려해 움직인다. 그러면서도 급여는 꼬박꼬박 받고, 하루라도 급여가 나오지 않거나, 매년 급여를 올려주지 않으면 난리가 난다. 이러면 회사는 망한다. 망한 다음에 자신이 한 일을 후회하면 소용이 없다.

회사는 지속성장이 우선이다. 이를 위해서는 임직원 모두가 자신이 맡은 위치에서 최선을 다해야 한다. 최선 그 이상으로 일해야 한다. 혼자가 아니라 함께해야 하고, 이기가 아닌 공동의 목표를 정해 서로 간의 신뢰가 바탕이 되어 상생해야 한다. 이것은 기본 중의 기본이라고 할 수 있다.

상사의 마음을 훔치는
10가지 방법

• 보고와 지시 때만 상사를 만난다? •

중소기업의 경우에는 직원 한 명 한 명이 보배이다. 직원 한 명이 나가면 당장 회사 업무에 큰 지장을 준다. 그렇기 때문에 직원들이 사장의 마음에 들도록 노력하기보다도 사장이 직원들의 눈치를 보는 현상이 빚어진다. 그러나 안정적이고 직원이 100명 이상 되는 기업이라면 직원들이 상사의 눈치를 볼 수밖에 없다. 언젠가 대기업에 다니는 팀장에게 상사와 언제 만나느냐고 물었다. 보고와 지시를 받을 때, 정례회의와 회식에서 만난다고 한다. 상사와 사적인 대화를 하거나 예정되지 않은 만남을 하루에 몇 번 정도 하느냐고 물으니 그런 일은 거의 없다고 한다. 자주 보지 않으면 멀어지는 법이다. 업무적으로만 만난다면 정이 생길 수가 없다. 상사 입장에서 보면 자주 찾아와 이런 저런 이야기를 나누며 자신에게 잘해 주는 직원에게 더욱 정이 가는 법이다.

· 상사의 마음을 훔치는 10가지 방법 ·

과장 이상의 직급을 위임받게 되면 일을 잘한다는 말보다는 인간관계가 좋다는 말을 듣는 것이 본인의 성장에 도움이 될 것이다. 직장에서의 인간관계는 단순히 친밀감으로만 맺어진 인간관계와는 조금 다르다. 직장 바깥의 인간관계의 바탕은 내리사랑이다. 물론 직장에서도 내리사랑을 할 수밖에 없다. 리더가 되면 방향과 전략, 큰 틀인 프레임워크와 중점 내용을 알려 주는 역할을 한다. 이를 기반으로 자료를 수집하고 분석하여 보고서를 작성하거나 일을 추진하는 것은 담당자이다. 담당자의 일처리가 리더의 실적 또는 성과가 되기 때문에 리더는 직원을 인정하고 칭찬하며 이끌어야 한다. 하지만 내리사랑보다 중요한 것은 바로 상사와의 관계이다. 상사의 마음을 얻지 못하면 개인에게만 영향을 주는 것이 아니라 자신이 담당하는 조직에도 영향을 미친다. 때문에 리더는 상사의 마음을 훔쳐 자신과 조직의 성과를 더욱 빛나게 해야 한다. 어렵게 일을 했는데 상사가 인정해 주지 않으면 그것처럼 억울한 일도 없다. 자신이 한 일이 상사의 도움으로 매뉴얼이 되고 회사 역사의 한 페이지를 장식하게 된다면 얼마나 가슴 뛰겠는가?

상사의 마음을 훔치는 비법 10가지를 정리해 보았다.

(1) 상사의 꿈이 무엇인가를 알고 그 꿈이 이루어지도록 지원하라

상사가 좋아하는 것과 상사의 꿈을 알고 있으면 자연스럽게 이야기를 할 수 있고, 기회가 될 때마다 여러 도움을 줄 수가 있다. 상사의 꿈이 기타리스트가 되는 것이라면, 상사에게 전하는 기타 악보 한 장은 큰 선물이 될 것이다. 회사원으로서의 야망과 단순한 개인으로서의 꿈은 다를 것이다. 회사 생활을 하면서 누군가가 자신의 꿈에 관심을 갖고 격려해준다면 얼마나 기쁘겠는가?

(2) 상사의 어려운 점이나 힘든 점을 인지하고 적극 도와라

직급이 높아질수록 성과와 책임에 대한 부담이 크며 외롭기 마련이다. 어려운 일이나 힘든 일이 있어도 누군가에게 말하기가 어렵다. 체면을 중시하는 한국 사회에서 윗사람이 아랫직원에게 나약한 모습은 보이는 것을 좋아하는 사람은 한 명도 없다. 아무리 힘들어도 견뎌낼 뿐이다. 누군가 자신의 어려움을 알고 공감하며 도움을 준다고 하면 표현은 안 하지만 기쁘다.

(3) 상사의 업무 스타일을 파악하고 이에 맞도록 소통하라

상사와 코드가 안 맞는다고 불평하는 직원을 본다. 일 못하는 직원은 상사가 원하는 바와 방법을 잘 모른다. 핵심을 잡지 못하고 보고하는 방법도 다르기에 일은 잘해 놓고 성과를 내지 못할 뿐 아니라 야단을 맞는다. 대면 보고를 좋아하는 상사에게 메일로 10페이지 이상의 보고서를 전자결재방식으로 올려두고 기다리고 있는 직원도 있다.

(4) 상사가 존경하는 인물에 대해 파악하라

조금 엉뚱하지만, 상사가 사내에서 존경하는 롤모델을 알고 있으면 큰 도움이 된다. 존경하는 인물도 중요하지만, 어느 면을 존경하는가를 알면 상사가 원하는 바를 알 수 있다. 매우 성과 중심적이고 추진력이 강하며 이기적인 상사가 있었다. 많은 직원들이 이 상사와 함께 일하는 것을 두려워했다. 하지만 A팀장은 이 상사를 롤모델로 생각했다. 내성적인 A팀장에게 일을 추진하는 방법을 알려줬기 때문이다.

(5) 상사의 목표에 대해 파악하라

상사의 목표가 무엇인지 모르는 리더가 있다. 상사가 달성해야 할 과제와 KPI를 직원들이 모른다면 무슨 일이 발생하겠는가? 모두 열심히 일을 했는데 상사의 목표와는 무관한 일을 하면 조직성과는 낮을 수밖에 없다. 상사의 마음을 훔치는 직원은 상사의 목표가 무엇인가를 분명히 하고, 이를 달성하기 위한 방안과 업무분담을 하여 기대 이상으로 성과를 달성한다.

(6) 상사가 어떤 경우에 칭찬하고 질책하는지 파악하라

칭찬을 잘하는 상사와 진정성을 갖고 질책하는 상사에게 배울 것은 많다. 어떤 경우에 칭찬을 하고 질책을 하는가를 보면 상사의 의중을 살필 수 있다. 의중을 살피면 상사가 추구하는 바를 보다 명확히 알 수 있을 것이다.

(7) 상사가 강조하는 것과 하지 말라는 것을 아는가?

전 직장에서 재직할 때 CEO 지시사항을 정리하여 'CEO의 철학과 원칙'이란 자료를 만들고 임직원에게 공유한 적이 있다. 경영회의에서 CEO의 이야기를 듣다 보면 지속적으로 강조하는 사항이 있다. 그리고 이것만큼은 절대 하지 말라고 당부하는 사항이 있다. 상사가 강조하고 하지 말라고 하는 일에 대해서는 그만큼 더 관심을 갖고 언행에 유념해야 한다.

(8) 상사가 영향력을 행사하는 모임이나 단체를 아는가?

회사생활을 하다 보면 전혀 다른 분야의 전문가로부터 생각하지 못한 도움을 받게 된다. 직급이 올라갈수록 각계각층의 사람들과 마주칠 일도 잦아진다. 이해관계 집단뿐만 아니라 사업과 무관한 사람을 맞이할 일도 생긴다. 사업과 무관한 이들에게 기업의 이미지를 심어주는 일은 무엇보다 중요하다. 상사가 무슨 일이 있어도 참석하는 외부 모임이나 만남에 대해 관심을 가져라. 기회가 있을 때마다 관심을 가져주면 상사는 매우 좋아할 것이다.

(9) 상사의 평판을 알며 개선해 주고 있는가?

관리자를 거쳐 경영자가 되면 자신에게 업무평가를 해주는 사람이 없다. 강점이나 보완점, 의사결정 등에 대한 조언이나 평가를 해주지 않는다. 자신은 잘하고 있다고 생각하지만, 생각하지 못한 일로 직원들에게 부담을 주는 경우도 있고, 알지 못하는 일로 오해와 갈등을 야기하는 경우도 있다. 누군가가 자신의 업무에 관해 평가나 조언을 해준다거나 문제점을 보완해준다면 그것처럼 고마운 것이 없다.

(10) 상사와 매일 소통하고 있는가?

A기업의 전무로 근무했던 지인은 36년을 근무하면서 자신의 직속상사에게 매일 중요한 업무와 시사점을 적은 경영노트를 보냈다고 한다. 상사가 출장이나 휴가 등으로 경영노트를 볼 수 없는 경우에도 이메일 또는 문자를 통해 경영노트를 보내는 것을 멈추지 않았다. 상사와 지속적이고 매일 소통하는 채널을 만들고 보고 사항을 정해 놓는다면, 상사는 마음이 놓이고 신뢰할 수밖에 없다.

상사의 마음을 훔치는 방법에는 수만 가지가 있을 것이다. 나 대신 다른 이가 상사와 대면해서 해결해주길 바라는 사항이 있는가? 그렇다면 자신은 과연 상사에게 그렇게 하고 있는가를 생각해 보라. 자신은 아무것도 하지 않으면서 그저 다른 직원들이 나서주기를 바라고 있지는 않은가? 원하는 것이 있다면 직접 나서야 한다. 자신의 의견 혹은 조직이나 개인의 문제를 상사와 의논한 적이 언제인가. 직접 대면해서 함께 의논해야 한다. 의논하는 과정 중에서 상사와 직원 간의 유대감도 싹틀 것이다.

상생의 노사관계를 가져가는
4가지 방법

• 그해 여름은 너무 더웠다 •

어느 큰 기업에서 파업이 발생했다. 국가 중요 사업을 책임질 정도로 큰 기업이었으며 직원의 평균 급여가 1억이 넘는 곳이었다. 개개인의 회사와 자신의 일에 대한 자부심도 강했고, 오랜 기간 동안 회사는 직원만족을 뛰어넘어 감동 경영을 외치며 급여뿐 아니라 제반 복리후생과 작업 환경 개선에 세심한 배려를 했던 곳이었다. 그랬기에 파업의 충격은 더욱 컸다. 파업이 발생하기 전, 노사 대표가 모여 협상을 하는 자리에 회사의 구성원이 아닌 모르는 사람이 붉은 머리띠를 두르고 회의장에 앉아 있었다.

노동자 측이 임단협 교섭권을 상급단체에 위임한 결과였다. 회의 안건은 임직원의 생존권 보장, 급여 인상 및 복리후생 개선,

안전한 작업 환경 조성의 이슈가 아니었다. 미군 철수, 파병반대, 매출의 2% 지역사회 기부 등 노사가 머리를 맞대고 논의하고 결정할 수 없는 사안들이었다. 결국 2~3차례의 회의는 파행으로 이어졌고, 노측은 회사의 일방적인 안건 거부를 이유로 파업을 단행했다. 한여름, 그들은 회사 밖으로 뛰어나가 2주에 가까운 기간 동안 파업을 진행하고 회사로 복귀했다. 남아 있던 직원들은 밤낮을 일해 공장을 가동시켰다. 회사 밖에서든 안에서든 불편한 마음이었다. 그해 여름은 그렇게 더울 수가 없었다.

• 노사관계는 신뢰 쌓기와 같다 •

사람은 아홉 번 잘해 주다가 한 번 잘못하면 그 한 번으로 인해 사이가 멀어지는 경향이 있다. 사실 아홉 번 잘해준 것을 기억하며 감사해야 하는데 쉽지 않다. 신뢰도 마찬가지이다. 서로 다른 환경에서 몇십 년을 살던 사람들끼리 어느 날 공통된 목표를 가지고 같은 일을 하는 것이 바로 일이고, 회사 생활이다. 그러니 생각과 행동의 차이로 갈등이 일어날 수밖에 없다. 이러한 갈등을 해소하고 봉합해 가며 신뢰를 구축하기란 쉽지 않다. 서로에게 관심을 갖고 조금씩 배려하며 열린 마음으로 소통해야 한다. 남에게 피해를 주지 않는다는 생각, 후공정의 사람들이 가장 편하게 일하도록 자신의 일을 마무리해야 한다. 자신이 담당하는 일에 충실하며 열린 마음과 행동을 가져야 한다. 그래야 서로 존중할 수 있고, 신뢰가 쌓인다. 문제는 이러한 신뢰도 한 순간의 오해와 불신으로 깨진다는 점이다. 서로 좋아하고 사랑하여 결혼을 한 부부가 신뢰가 깨져 이혼하는 경우를 많이 본다. 하물며 노사관계는 오죽하겠는가?

사실 노사관계의 중요성을 모르는 임직원은 단 한 명도 없다. 매우 성과가 좋은 기업이 노사 신뢰가 깨져 서로가 서로를 반목하고 편을 나눠 싸움만 하는 등 노사관계가 악화되어 한순간 경쟁력을 잃고 시장에서 도태된 많은 사례를 알고 있다.

· 강한 노사관계를 가져가는 4가지 방안 ·

오랜 세월을 함께한 부부가 한순간의 잘못으로 헤어지는 경우를 많이 봐왔다. 노사관계도 마찬가지이다. 노사가 상호 신뢰와 믿음으로 열린 소통을 하며 회사가 성장해야 내가 성장한다는 마음이 있어야 한다. 하루아침에 신뢰가 형성되는 것이 아니듯 노사관계도 오랜 시간 서로를 이해하고 서로의 차이를 인정하고 진실된 마음으로 배려하며 노력을 해 나갈 때 바람직한 상생경영은 정착될 것이다.

노사관계가 좋은 회사는 '회사가 지속적인 성장을 해야 우리가 있다'는 생각이 강하다. 이들은 지속적인 개선을 통해 세계 수준의 품질과 가격 경쟁력을 이끌어 간다. 협력적인 노사관계가 구축되어 있으면, 회사는 현재의 수익을 기반으로 미래성장동력 확보에 주력할 수 있다. 아무리 힘들고 어려운 일이라 해도 직원들을 믿고 추진해 나갈 수 있다.

강한 노사관계를 가져가는 비결을 살펴보면 다음과 같은 것들이 있다.

첫째, 기본과 원칙에 강한 정도 경영의 정착이다. 노사관계가 허약한 기업은 노조의 주장에 끌려가는 듯한 관행이 지속된다. 갈등이나 문제가 발생할 때마다 임시방편적 처방을 한다. 장기 근로자 자녀의 채용 특혜, 파업을 전제로 한 무리한 요구에 소위 땜빵식 처방이 하나의 예들이다. 기본이나 원칙이 무너지면 올바른 판단과 행동을 할 수 없다. 기본과 원칙 중심의 노사관계가 자리 잡도록 해야 한다. 기본과 원칙에 대해서는 단 한 명의 예외가 없이 엄격하고, 일관성 있게 지켜가야 한다.

둘째, 현장 리더의 역량 강화이다. 현장 리더가 무능하면 직원들에게 끌려다닐 수밖에 없다. 대부분의 갈등은 현장에서 믿음이 깨지거나 사소한 오해나 불신에서 발생한다. '현장에서의 문제는 현장에서 완결하고, 우리는 서로를 믿고 존중한다'는 원칙으로 리더가 일관되게 구성원에게 관심을 갖고 현장의 이슈를 현장에서 해결해준다면 노사 갈등의 80% 이상은 사라질 것이다. 가장 많은 시간을 함께하는 사람들 가운데에서의 상호작용이 원만하다면 문제 자체가 발생하지 않는다. 이의 중심에 있는 현장 리더에게 사람에 대한 존중, 팀워크, 관계역량을 키워주는 교육은 필수적이다.

셋째, 길고 멀리 보는 경영이다. 단기 실적만큼 노사관계를 황폐하게 하는 것은 없다. 단기적으로는 실적을 창출할 수도 있다. 하지만, 일방적 지시와 억압된 분위기, 높은 업무 강도에 따른 누적되는 피로감, 개인과 조직의 극심한 이기, 사소한 실패도 용인하지 않는 상황 속에서 불만은 가중되어 간다. 이러한 불만은 청와대 청원, 강성의 노동조합 가입, 회사에 대한 로열티 급감으로 이어지게 된다. 회사의 장기 비전과 전략, 길고 멀리 보는 경영진의 방향제시가 직원들의 가슴을 뛰게 하고 열정을 낳게 한다.

넷째, 열린 마음, 열린 소통이다. A기업의 CEO는 공장을 방문할 때, 공장장이 아닌 노동조합을 가장 먼저 찾는다. 현장의 이야기를 듣고, 노동조합 관계자와 식사를 함께한다. CEO를 비롯한 경영진의 분명한 원칙과 소신에 입각한 말과 행동은 그 무엇보다 중요하다. 현장경영이 이루어져야 하며 그들과의 만남을 통한 직접적인 상호작용의 기회를 가져야 한다. 듣는 것에서 그쳐선 안 된다. 애로사항에 대해서는 적극적인 조치를 취해야 한다. 현장의 소리가 경영진에게 전달되는 다양한 채널이 있어야 하며, 즉각적인 피드백이 이루어져야 한다. 직원들이 알고 싶어 하는 사항들이 무엇이며 필요한 것이 무엇인가를 사전에 파악하여 조치하는 노력이 필요하다. 열린 마음이 없으면 불가능한 일이다. 무언가가 소중하게 여겨진다면 그 사실을 단순히 알고만 있어서는 곤란하다. 그 소중함을 지속하기 위해 내 마음을 표현하는 등의 행동으로 이어져야 한다.

• 신입사원에게 들려주고 싶은 10가지 이야기 •

지난해 채용한 신입사원의 입문교육이 시작되었다. 몇몇 기업에서 신입사원들을 위한 강의를 요청했다. 만약 신입사원 교육 강사로 출강한다면, 이들에게 무슨 이야기를 강조하겠는가? 저서 『신입사원은 무엇으로 성장하는가?』에서 나는 이렇게 썼다. '나는 신입사원이 아닌 직무 담당자이다.'라는 마음가짐과 언행을 갖추라고 말이다.

신입사원의 입문교육 강의안을 만들며 10가지를 생각해 보았다.

① 자신만의 비전, 전략, 원칙과 과제가 있는가?

② 나는 나를 사랑하며 회사를 대표하는가?

③ 의사결정의 프로세스를 알고 결정하는가?

④ 업무 수명과 보고는 명확한가?

⑤ 성과를 창출하는 5가지 방법을 알고 있는가?

⑥ 상사를 이해하고 소통하며 지원을 이끌어 내는가?

⑦ 현장의 이슈는 현장에서 완결하는가?

⑧ 담당자는 성과로 이야기한다.

⑨ 지식관리의 혁신을 이끄는가?

⑩ 결국은 사람관계이다.

마지막으로 강조한 것이 사람관계이다. 신입사원은 일을 배우는 단계라고 한다. 하지만 일 못지않게 중요한 것이 사람관계이다. 자신을 올바르게 정립하고 타인과의 관계에서 인정을 받아야 한다. 첫인상은 우리가 생각한 것 이상으로 오래 간다.

신입사원의 두 눈이 불타는 이유는 미래에 하고 싶은 것이 있고, 또한 그것에 대한 열정과 기대감 때문일 것이다. 반대로 회사가 신입사원을 고집하는 이유는 그들의 창의성과 도전, 관습과 문화를 새롭게 혁신할 수 있는 생동감 넘치는 실행력 때문일 것이다. 이 모두가 관계 위에서 그려진다고 해도 과언이 아니다. 신입사원이라는 백지 위에 미래를 이끌고 나갈 경영자의 목소리와 태도가 그려진다고 생각해 보자. 그림의 중심에는 사람에 대한 관심과 배려가 있어야 하지 않을까?

• 약점이 있다면? •

우리는 평소에 약점을 보완하기보다 강점을 강화하라는 말을 자주 듣는다. 사람의 약점이란 대체로 자기 자신도 싫어하기 마련이다. 때문에 약점을 보완하기 위해선 더 많은 노력과 시간이 필요하다. 반면에 강점이란 자신이 좋아하고 잘할 수 있는 것을 뜻한다. 이러한 강점 강화는 자신이 좋아하고 잘할 수 있는 일이라는 생각에 실행이 즐겁다. 하지만, 어떤 일을 함에 있어서 치명적인 약점이 있다면 개선해야만 한다. 교단에 서는 직업인

데 말을 더듬는다거나 선장이 꿈인데 수영을 할 수 없다면 곤란하다. 해야만 하는 일인데 약점이 있다면 어떻게 해야 할까? 약점을 극복하기 위한 많은 방법이 있을 것이다.

첫째, 가장 바람직한 방법은 스스로의 단점을 수용하고 이 또한 즐기는 방안이다. 말을 더듬는 버릇을 개선하기 위해서는 책을 큰 소리로 읽고, 수많은 연습을 해야 한다.

둘째, 도와줄 사람을 찾아 지원을 받는 방안이다. 성격이 급한 왕회장에게 인내하고 경청하도록 코치를 붙이는 것도 좋은 방법이다.

셋째, 강점으로 약점을 보완하는 방안이다. 강의라면 PPT, 동영상 등 시청각 자료, 토론 등을 중심으로 준비하는 것을 예로 들 수 있다. 못하는 것은 포기하고 잘하는 것에 더 중점을 두어야 한다.

약점 보완 또는 강점 강화의 방법보다 더 중요한 것은 열린 소통을 통한 진정성의 공유이다.

"내가 이런 부분이 서툴거나 못하기에 이렇게 하겠다.", "이 점에 대해서는 사전에 양해를 부탁한다."는 등의 열린 소통을 한 후 자신의 강점 중심으로 이끈다면 약점은 더 이상 약점이 되지 않을 것이다. 그렇게 된다면 약점으로 인해 스트레스를 받거나 주눅 드는 일은 없지 않을까?

어느 망해가는 조직 구성원의
한탄과 옳은 생각

· 망해가는 팀의 모습 ·

매년 팀 단위의 조직평가를 실시하는 회사가 있다.

10년 넘게 이 조직평가를 하고 있는데, A팀은 항상 최하위다.
경영층에서는 이 팀을 없애자는 말도 있었다. 하지만 논의만 있
었고 A팀은 현재 존속 중이다. A팀의 팀장은 팀장 중에서도 가
장 고참이다. 그는 A팀에 7년 차 근무하고 있었다.

팀의 직원들은 다른 팀으로 전배를 희망하지만, 받아주는 조
직은 없었다. 팀원 중에 김 과장만 바쁘다. 매년 사업계획 수립,
월별 목표관리, 중점 과제에 대한 선정과 추진, 후배 지도까지
도맡아 한다. 김 과장이 팀장의 몫까지 도맡아 하지만, 팀장은
당연한 듯 생각한다. 팀의 성과관리, 프로세스 개선 그리고 주

간 업무 계획과 실적에 따른 팀원 일정관리까지 김 과장에게 하라고 한다. 이런 팀장이 중요시 여기는 것이 하나 있다. 바로 팀의 관계관리이다. 매주 전 팀원이 모여 회식을 한다. 월1회 산행을 함께 가고, 분기에 1번은 가족 모임을 실시한다. 업무 시간에도 커피를 마시거나 담배를 피우면서 일상 이야기를 나눈다. 일에 바쁜 김 과장이 대화에 참석하지 못하고, 회식에 빠지는 일이 생기게 되었다. 팀장은 김 과장을 불러 얘기했다. 회사생활은 결국 인간관계라며 팀원들과 사이좋게 지내라고 말이다.

팀장이 업무지시를 내리는 일은 거의 없다. 타 부서의 팀장들이 전부 5년 이상의 아래 후배들이다. 심지어 담당임원도 2년 후배이기 때문에 A팀장에게 일을 부탁하거나 지시하기를 부담스러워한다. 팀장 미팅에 다녀와도 특별한 수명업무가 없다. 지금까지 해왔던 일을 각자 알아서 스스로 하는 모습이다. 한번은 A팀 주관의 행사가 있었다. 행사 당일, 오탈자가 있는 현수막이 걸렸다. 몇 자 되지 않는 현수막에 오탈자가 있어 외부 고객이 이를 발견하고 알려주었다. 제품 디자인도 시간을 두고 충분히 창의성을 발휘해 구상하기보다는 그때그때 땜질하는 느낌이 든다. 이를 두고 "고민한 흔적이 없어 보인다."는 경영층의 메시지가 있었다. 하지만 그 어떤 변화도 일어나지 않았다.

팀원 모두가 무엇이 문제인지에 관해 별다른 고민이 없다. 어떻게 성장할 것인가에 대한 고민 역시 없다. 이 회사는 자신이 있을 때까지는 존재할 것이며, 큰 잘못으로 징계만 받지 않으면 무사히 정년퇴직할 수 있으리라는 생각만 하고 있다. 김 과장은 이곳에서 계속 근무한다면, 성장은 고사하고 도태될 것이라고 생각한다. 그런 생각을 하면 불안감이 커진다. 김 과장은 깊은 한숨을 내쉬며 책상을 정리한다.

길고 멀리 보며
• 역량을 키우는 사람이 결국 성공한다 •

만약 김 과장과 같은 상황이라면 누구나 무척 고민되고 힘들 것이다. 회사생활에서는 성과와 인간관계가 중요하다는 사실은 누구나 다 안다. 인간관계는 직급이 높아질수록 중요하게 작용한다. 어느 경우에는 역량과 성과가 높은 직원이 오히려 왕따를 당하기도 한다. 성공하는 사람들은 다음의 3가지를 준비하고 실행한다.

첫째, 회사와 자신의 성장에 대한 올바른 가치관과 품성을 갖추고 있다. 어떤 바람직한 모습이 될 것인가를 형상화하고 큰 그림을 그리며 이를 실천해 간다.

둘째, 성장에 대한 강한 욕구와 높은 직무 전문성을 보유하기 위해 노력한다. 담당하는 직무를 가르치고 컨설팅할 수 있을 정도의 지식과 경험을 쌓기 위해 전문가를 만나고 책을 읽고 정리한다. 주제별 자료를 정리해 자신만의 지식으로 만들고 이를 공유하며 가르친다.

셋째, 조직과 직원의 마음을 훔칠 수 있는 관리 능력(리더십)을 갖추기 위해 노력한다. 성공하는 사람들은 집단생활의 중요성을 잘 알고 있다. 혼자 행동해선 살아남을 수 없는 곳이다. 함께하는 마음으로 실천해야 큰 성취를 맛볼 수 있다. 그렇기에 목표를 달성하기 위해 조직과 구성원에게 영향력을 행사한다. 솔선수범을 통해 이들에게 본을 보이며 마음을 얻는다.

결국 올바른 생각을 갖고 지속적으로 실천하면 언젠가는 인정받는다. 지금 힘들다고 포기하면 자신만 힘들어진다. 힘들게 한 사람들은 아무 생각도 없는 경우가 많다. 함께 성취해야 하기 때문에 자극을 주며 이끌어 가야 한다. 자신이 만들고 싶은 가장 바람직한 모습은 내부 경쟁이 아닌 글로벌 경쟁에서 회사와 자신이 차별화된 경쟁력을 갖춰 이기는 일이다.

· 어떤 마음으로 일하는가? ·

어느 한곳에 머물고 있으면 그곳에서 맡은 바에 최선을 다해야 한다. 중견기업인 A회사의 이 팀장은 박사 학력 소유자이며 공인회계사이다. 그는 재무 분야의 학계, 정치인, 언론인, 전문가들과 폭 넓은 네트워크를 맺고 있다. 활발한 외부활동을 통해 자신이 유능한 사람이라는 사실을 알리려 노력한다. 이 팀장은 A회사에서 성장하는 것이 아닌 S그룹의 재무담당 임원이 되는 것이 목표이다. 기회가 될 때마다 지인들에게 S그룹 경영진을 만나 자신의 희망을 이야기해달라며 협조를 부탁한다. 만약 이처럼 리더의 마음이 조직을 떠나 있다면, 언젠간 조직 내 상처받고 피해 보는 사람들이 생기게 된다.

만약 리더의 역할과 책임을 다하지 못하는 사람이 있다면 경영자는 그를 어떻게 할까? 그저 자신의 이익만을 생각하고, 문제를 해결하기보다는 방관하거나 자신의 이익을 위해 남을 불편하게 하는 자가 있다면 어떻게 할까. 만약 이런 사람들이 세상에 가득하다면 그 사회와 국가는 과연 어떻게 될까. 지금 현재 근무하는 곳에서 최선을 다하는 사람은 언제 어디에서나 인정받는다. 지금 하고 있는 일, 근무하는 곳, 함께하는 사람에게 감사하는 사람이 행복한 법이다.

• 왜 떠나는가? •

가을이 저물고 있다. 어느새 길거리엔 낙엽이 나뒹굴고 있다. 앙상한 나무는 푸르른 시절을 그리워할 것이다. 계절은 이렇게 다가오고, 날은 추워지고 있다. 이별의 계절이다. 어렵게 입사한 직장을 떠나는 이유는 무엇일까?

상사와 선배와의 관계, 회사의 불투명성, 적성에 맞지 않는 일, 그저 반복적인 업무, 노동시간에 비해 낮은 임금이나 작업환경. 이런저런 이유들로 인해 회사를 떠나는 사람들이 있다. 물론 외부적인 요인들도 퇴사를 결심하게 만드는 요인이 될 수 있다. 하지만 과연 그것만이 전부일까? 외부에서 요인을 찾기 전에 먼저 자신의 내부를 들여다볼 필요가 있다. 진짜 원인은 아마 내부에 있을지도 모른다.

자신이 현재 누리고 있는 것보다 현재 갖지 못한 것에 대한 욕망이 분노와 갈등으로 이어지는 경우도 있다. 가진 자를 미워하고 시기하기보다는 길고 멀리 보며 더 노력해야 한다. 불화하기보다는 타협하고 존중하여 하나가 되려는 노력을 해야 한다. 그래야 성장할 수 있다. 만약 사람들로부터 존경을 받고 있는 위치라면 회사를 떠나는 일이 마냥 쉽지만은 않을 것이다.

인성을 갖춘
인재를 뽑고 싶다면?

• 우리 회사는 인성이 중요하다 •

한 CEO가 인사담당자를 호출해 말한다. 최근 입사한 신입사원들은 회사와 직무에 대한 몰입도가 떨어지고 개인주의 성향이 강해 팀워크를 약화시키고 있다고 말이다. 신입사원들은 조금만 주의를 줘도 퇴직을 해버린다. 채용 단계에서 이런 경향이 있는 지원자를 걸러낼 방법을 모색하라는 지시를 내린다. CEO는 결국 인사담당자들과 함께 1박2일 워크아웃을 진행하였다.

워크아웃의 주제는 단 하나, '인성 중심의 채용'이었다. 참석한 인사 담당자 모두가 면접자의 인성이 중요하다는 사실을 안다. 술, 담배, 게임, 카지노와 같은 제품이나 서비스를 제공하는 회사의 경우, 회사와 직무에 대한 로열티가 매우 중요하다. 인성이 뒷받침되지 않으면 장기근속을 기대하기 어렵다.

물론, 이런 제품과 서비스를 제공하는 회사가 아니더라도 인성이 좋지 않은 직원이 입사하였을 때, 이 직원 한 사람으로 인하여 조직이 와해되고 그동안 쌓아온 팀워크가 한순간에 무너지는 사례는 많다. 인성이 좋지 않은 직원 때문에 힘든 순간을 보낸 리더도 한둘이 아니다. 많은 어려움이 있지만 인성은 채용단계에서 엄격하게 심사되어야 한다. 합격 후 정규직이 되었는데 문제가 많다고 퇴직시키기란 매우 어렵다.

• 어떻게 인성 중심의 채용을 할 것인가? •

기업의 채용 단계는 크게 5단계로 나눌 수 있다.

첫째, 채용규모의 산정과 채용공고이다. 회사의 중기 전략과 연계하여 중기인력운영 계획과 현업의 직무 중심의 인력요청을 바탕으로 당해 년도 채용인력이 결정된다. 이 단계에서 인성을 반영하기는 어렵다. 때문에 인성에 대한 검토사항을 포함하여 공고하는 것이 바람직하다.

둘째, 서류전형이다. 서류전형에서 인성이 드러나는 부분은 자기소개서이다. 통상 지원동기와 일반적인 질문을 하는 경우가 있다. 회사가 뽑고자 하는 인재상과 핵심가치에 부합하는 질문을 해야 한다. 몇 줄 적는 수준이 아닌, 질문에 대해 지원자의 경험이나 생각을 충분히 알 수 있도록 질문 하나에 A4용지 1장 수준으로 작성하도록 해야 한다. 각 질문에 대한 답변을 유형화 하여 점수를 매긴다. 그렇게 하면 회사가 원하는 인재상을 선택 하는 일이 보다 쉬워진다. 서류전형 심사위원을 사전에 선발해 질문과 심사를 담당하게 해야 한다.

셋째, 인적성 검사이다. 많은 기업들이 인적성 검사를 실시하 지 않거나 실시해도 참고자료 수준으로 가져가고 있다. 이보다 는 인적성검사 항목을 회사가 원하는 가치관에 부합되도록 설계 하여 합격에 영향을 주도록 가져가야 한다. 예를 들어 5단계(S, A, B, C, D)로 구분하여 S, A는 합격, B는 유보, C, D는 탈락으로 평가되어야 한다.

넷째, 면접이다. 일반적으로 기업 면접은 크게 3가지 유형(1:1 면접, PT면접, 집단토론)으로 구분된다. 1:1면접은 인성 중심의 면접 으로 여러 질문을 통해 관찰과 심사를 직접 할 수 있다. 이 경우 가장 중요한 것은 회사가 원하는 인성에 부합하는 질문과 그 답 변에 대한 심사 기준이다. 면접관들은 이 부분을 명확하게 인식 하고 질문과 심사를 해야 한다. PT면접은 면접자가 가진 전문성 과 문제해결력을 평가하는 것이다. 이때 발표나 대답하는 자세 와 언행을 보며 인성을 살필 수 있다. 집단토론은 팀워크를 평 가하기 위한 항목이다. 하지만 단순히 팀워크뿐만 아니라 개개 인의 인성도 엿볼 수 있다. 집단생활을 할 때 드러나는 언행을 통해 배려하는 마음이나 조화를 이루는 정도를 확인할 수 있고, 함께할 수 있는 사람인가를 심사할 수 있다. 이외의 면접유형은 다양하다. A식품회사는 요리실습과정이 있는데, 합격하는 사람은 요리를 잘하거나 요리의 맛이 좋은 사람보다는 요리하는 것을 즐기며 적극적인 사람이라고 한다. 갈수록 인성의 중요성이 강조되다 보니 요즘은 합숙으로 면접을 진행하거나, 인턴기간을 통해 충분히 관찰하고 선발하는 회사도 늘고 있다.

다섯째, 신체검사와 최종합격이다. 대기업인 A회사는 신체검사 이후 최종합격한 신입사원의 경우, 입사까지는 통상 2개월 정도의 여유기간이 있다. 회사는 이 기간 동안 합격자의 학교 선배를 통해 멘토링을 실시함으로써 합격자의 이탈을 방지하고, 회사의 이념을 충분히 이해하도록 입문교육을 시키고 있다. 사실 이러한 노력을 한다고 해도 회사의 니즈에 부합하는 지원자를 100% 선발했다고 보장할 수는 없다. 물리적 시간이 짧기도 하지만, 지원자들이 지원서와 면접 준비를 철저히 하기 때문에 옥석을 가리기가 쉽지 않다. 최근 채용 동향 중의 하나가 바로 인턴제도이다. 대학 3학년과 4학년을 대상으로 방학기간 동안 인턴을 실시하여 사전에 충분히 관찰하고 평가한다. 산학협동을 통해 선확보하는 회사도 있다. A회사는 대학과 1학기 과정을 개설하여 15주 동안 회사의 임원진과 인사부서 담당자가 학생을 관찰하여 회사에 맞는 인재를 선발하기도 한다.

인성을 갖춘 인재를 선발하기 위해 가장 시급히 조치해야 할 일은 바로 이들을 채용하는 면접관의 선발과 교육 그리고 유지와 관리이다. 채용 시점에 인사담당자가 사정하며 팀장이나 임원에게 면접을 요청하여 당일 지원서를 보면서 면접에 임해서는 곤란하다. 사람이 경쟁력이고 답이라고 한다. 회사가 원하는 인재를 뽑는 면접관이 제대로 선발되야 한다. 면접관의 기준은 매우 까다롭고 회사를 대표할 수 있는 사람이 선발되도록 절차를 거쳐야 한다. 연초에 선발된 면접관에게 일정 기간의 면접관 교육을 실시하여 이를 통과한 사람에 한해 CEO가 임명장을 주어야 한다. 면접관이 되는 것이 하나의 큰 명예가 되도록 공감대를 조성해야 한다. 면접관이 구성되면, 이들은 합숙을 통해 질문과 심사표 작성, 면접 순서와 역할을 정해야 한다. 모의 면접을 통해 빈틈이 없고 섬세한 면접이 되도록 해야 한다. 누가 면접을 보더라도 동일한 결과가 나오도록 사전 준비가 철저해야 한다. 면접관들에 대해서는 금전적/비금전적 보상을 통해 '내가 면접관임을 자각하고 자랑스럽다는 인식'을 갖도록 해야 한다. 면접관은 회사를 대표하는 얼굴이기 때문이다.

• 권위의식에 빠져 있지는 않은가? •

직장 생활을 하면서 평생 이 직장에서 근무한다고 생각하는 직장인은 한 명도 없다. 하지만 언젠가는 그만둔다는 생각 또한 하지 못한다. 언젠가는 승진을 한다. 부장과 팀장의 자리를 거쳐 임원이 된다. 그러다가 어느 날 본부장이 되면 일 속에 더욱 매몰되고 만다. 그러다가 언젠가는 직장을 떠나게 될 것이다.

부장, 팀장, 본부장, 대표이사로 있을 때에는 주변에서 "팀장님, 본부장님, 대표님"이라고 부르며 따르니까 팀장, 본부장과 대표라는 권위가 마치 자신인 양 착각한다. 어깨에 자연스레 힘이 들어간다. 이 자리까지 오기까지 많은 지식과 경험이 있으니까 모두가 나의 말을 따라야 한다는 생각도 한다. 다른 직원들을 내려다보는 경향도 생긴다. 은연중에 내 사무실, 내 자리, 내 책상이라고 생각한다. 하지만 직장을 떠나고 나면 내 것이라고 생각했던 그 모든 것이 결국 내 것이 아니었다는 사실을 깨닫게 된다. 그 모든 것들도 결국 회사의 자산이었을 뿐이다. 많은 이들이 직책에서 물러나면 한순간 무너져 버린다. 아직 목표와 할 일이 많은데 나가라고 하는 직장과 사람들이 원망스럽다. 회사에 있을 땐 주변의 시선을 한 몸에 받다가 퇴직 후 아무도 자신에게 연락하지 않으면 자존감이 무너진다. 심한 경우엔 분노마저 생기기도 한다. 집 밖으로 나가려 하지 않고, 방 안에서 울분을 토해 가족들을 불안하고 힘들게 한다.

과거에 많은 돈을 벌었던 시절이 있었다. 높은 위치에서 자신의 힘을 뽐내던 시절도 있었다. 그 시절에만 머물러 있다면 자신만 힘들 뿐이다. 그건 모두 한때의 이야기다. "왕년에 내가 어떤 사람이었는데……."라며 과거의 이력을 과시하는 말도 지금에 와서야 아무런 도움도 되지 않는다. 과거보다는 지금 현재에 충실하며 살아야 한다. 그게 더 낫다. 높았던 직책에서 내려왔을 때, 그때에도 사람들로부터 존경받고 함께하고 싶은 사람이 되어야 한다.

있을 때 잘하는 사람들의 특징은 다음과 같다.

첫째, 외적으로 보여지는 것보다 내면의 관계를 중요시한다.

퇴직한 어느 날 횡단보도에 서서 신호를 대기하고 있는데, 건너편에서 아는 얼굴과 마주쳤다고 해 보자. 그는 직장 후배다. 후배도 당신을 알아보는 눈치다. 만일 후배가 당신을 권위주의에 빠진 옛 상사라고 기억하고 있다면 당신을 발견한 후배는 당신을 피할 것이다. 그러나 당신이 늘 남을 배려하고, 나눌 줄 알았던 상사였다면 어떠하겠는가. 당신을 알아본 후배는 신호등이 바뀌자마자 당신에게 달려와 안부를 묻고 함께 식사하기를 청할 것이다. 평소의 상하관계가 아닌, 내 마음 속의 부하직원이 아닌 그들 마음속에 존경하는 선배나 형으로 자리 잡혀 있도록 평소에 정 관리를 해야 한다. 그러기 위해선 우선 좋은 인성을 가져야 한다.

실무자로 있을 때에는 전문성을 바탕으로 효율적이고 효과적으로 일을 잘하면 된다. 하지만 직책이 올라가면 올라갈수록 일만 잘해선 안 된다. 실무자로서 일만 잘하는 것이 아닌 리더십을 갖춰야 한다. 조직과 구성원의 마음을 훔칠 줄 알아야 한다. 역할이 바뀔 때마다 그 역할을 인식하고 보다 길고 멀리 보며 조직과 구성원을 성장시켜야 한다. "내가 지금 이 자리에 앉아 있는 것은 내가 모셨던 그분이 계셨기 때문이다."라는 말이 후배들의 입에서 절로 나올 수 있도록 말이다. 개개인의 꿈을 키우고 성장시키는 역할을 잘해야 한다.

· 과거가 아닌 지금 이 순간을 살라 ·

지난 과거를 후회해 봤자 소용이 없다. 지금 이 순간을 즐기며 행복해야 한다. 현재를 즐기기 위해서는 버려야 할 것들이 많다. 가장 먼저 버려야 할 것은 지난날이다. 내가 한때 어떤 위치에 있었고 어떤 영향력을 가진 사람이었다는 생각을 버려야 한다. 과거의 높은 직책에 있었다는 생각에 허드렛일을 안 하는 사람을 본다면 어떤 생각이 드는가?

퇴직을 하고도 건강하다면 하고 싶은 일들이 여전히 많을 것이다. 자신이 잘할 수 있고, 좋아하는 것을 즐기면 얼마나 좋겠는가? 만약 좋아하고 잘하는 일이 아니더라도 아침에 일어나 갈 곳이 있고, 할 일이 있다면, 만날 사람이 있다면 그 사실만으로도 행복할 것이다. 지금 현재 내가 누리고 있는 것들에게 시선을 돌려보자. 그러면 지금 이 순간에 감사하게 될 것이다.

왜 동기부여인가?

• 동기부여 이론을 통해 알아본 직원의 동기부여 •

동기부여는 직장생활을 하는 사람들이 조직의 목표를 향하여 열심히 노력하도록 움직이게 만드는 과정이다. 따라서 동기부여란 사람들로 하여금 어떻게 자발적으로 노력하고 싶은 마음을 불러일으키는가에 중점을 두고 있다.

대표적 동기부여 이론으로는 세 가지 이론을 들 수 있다. 매슬로우Maslow의 욕구 5단계 이론은 다음과 같다. 욕구의 발달을 5단계로 보고 하위 욕구가 달성되어야 상위 욕구로의 이행을 주장할 수 있다는 것이다. 1단계 생리적 욕구는 식욕, 성욕, 수면, 배설 등의 활동. 2단계 안전의 욕구는 위험과 고통으로부터의 회피와 안정. 3단계 애정의 욕구는 친화, 소속감, 애정 등. 4단계 존경의 욕구는 승인, 존경, 지위, 명예 등. 5단계 자아실현의 욕구는 자기완성과 삶의 보람 등의 욕구이다.

허즈버그Herzberg의 동기 위생 이론 중 위생요인은 직무에 대해 불만족을 느끼게 하는 요인으로, 충족 시에 불만이 줄지만 만족감이 생기지는 않는다. 위생요인은 임금, 작업환경, 보상, 지위, 정책 등 환경적인 요소를 일컫는다. 반면 동기요인은 위생요인보다 높은 수준의 욕구라고 할 수 있으며 동기요인이 충족되지 않아도 불만족을 유발하지는 않는다. 하지만 이 요인이 충족되면 높은 직무성과를 기대할 수 있다. 동기요인으로는 인정과 존중, 성취감, 책임, 성장, 도전의식 등이 해당한다.

맥그리거McGregor의 XY이론 중 X이론은 조직 구성원에 대한 전통적인 관리전략을 제시하는 이론이다. 사람은 본래 일하기를 싫어하고 야망이 없고 책임지기를 싫어한다. 또한 명령에 따라가는 것을 좋아하고 변화에 저항적이고 안전을 원한다. 자기중심적이며 남에게 속기 쉽고 영리하지 못하다. 이 이론에서는 사람이 본래 사기에 잘 속는 동물이라고 가정한다. 이 이론에서 관리자의 관리전략은 직원들의 행동을 감독·통제하고 시정하는 책임을 진다. 또한 처벌·통제·위협 등을 선호한다고 가정한다. 반면 Y이론은 인간의 본성은 일을 싫어하지 않고 사람은 조직의 목표 달성을 위하여 자율적으로 자기 규제를 할 수 있으며, 조직목표에 헌신적 인간을 가정한다. 또한 조직목표에 헌신하는 동기는 자기실현 욕구나 존경욕구의 충족이 가장 중요한 보상이며, 조직문제 해결에 있어 창의력과 상상력을 발휘할 수 있다는 것을 전제한다. 이 이론에서 관리자는 개인목표와 조직목표가 조화될 수 있도록 하며 직무를 통하여 욕구가 충족되고 개인이 발전할 수 있도록 돕는다.

이론과 직원의 동기부여 요인과 연계하여 살펴보면 다음과 같은 질문이 나올 수 있다. 첫째, 자신이 가치 있는 일을 하고 있다는 느낌을 갖고 있는가? 둘째, 일을 할 때 자신에게 선택권이 있다고 생각하는가? 셋째, 주어진 일을 할 수 있다고 생각하는가? 넷째, 목표를 향해 나아가고 있다고 생각하는가? 결국 매슬로우의 3단계 애정의 욕구 이상, 허즈버그의 동기요인 그리고 맥그리거의 Y이론적 생각이 보다 더 직원의 동기부여에 부합되지 않을까 생각해 본다.

• 직원의 연차에 따른 동기부여 •

직장생활 1년 차, 2~4년 차, 5년 차 이상의 특징과 이에 따른 동기부여 방안을 검토해서 다음과 같이 정리해보았다.

(1) 직원 1년 차들의 특징과 동기부여 방안

이들의 특징은 열정적이며 순응적인 태도를 보인다는 점이다. 미래에 대한 걱정과 불안이 많다. 잘 잊어버리고, 잘 놓친다. 배우려는 태도를 보인다. 분위기에 휩쓸리는 경향을 보인다. 상처를 쉽게 받는다. 체력적으로 부담을 느낀다.

이들에 대한 동기부여 방법은 관심과 칭찬이 가장 효과적이다. 편들어주고, 배려해준다. 처음부터 끝까지 확인하고 점검한다. 부정적인 고참과 접촉하지 못하도록 관리한다. 니즈를 잘 파악하고 적절한 비전을 제시한다. 일의 멘토를 정해 지도해준다. 개인적인 생활에도 관심을 가져준다. 업무준비에 대한 방법을 많이 가르쳐준다 등을 생각해 볼 수 있다.

(2) 직원 2~4년차들의 특징과 동기부여 방안

이들은 어느 조직이나 핵심의 역할을 하며 신입직원 교육의 지침이 되어야 한다. 조직문화 확산 및 멘토 역할을 수행할 수 있도록 동기부여를 해야 한다. 성과 창출에 가장 많은 역할을 담당해줘야 한다. 개인별 목표 달성을 후배에게 전파하고 또한 그들을 지도해주어야 한다. 그러므로 강한 책임의식이 있어야 한다. 이들의 일반적인 특징은 조직 분위기를 담당하며 신입직원에 대한 영향력이 크다는 점이다. 부정적인 인식이 싹트는 시기이며, 상사의 지적에 예민해지는 시기이다. 방어적이며 꾀를 부리기 시작한다. 긴장감이 떨어진다. 자기의견을 적극적으로 표현하며 회사정책을 평가한다. 이들에 대한 동기부여는 아낌

없는 지원이다. 또한 공감해주고 경청해주는 자세가 필요하다. 강한 피드백을 주는 것보다는 충분히 대화하고 설득한다. 객관적인 자료를 준비하여 그것을 근거로 대화한다. 의견을 들어주고, 최대한 반영해준다. 역할을 부여해 소속감과 책임감을 느끼고, 협동심을 키워주는 것 등을 고려해 볼 수 있다.

(3) 5년 차 이상의 직원들의 특징과 동기부여

이들의 특징은 일단 일에 능숙하므로 시간적인 여유가 많다. 업무마감 시간이 닥치면 저력을 발휘할 때가 있다. 관리자의 실수를 용납하지 않고, 개인주의적인 성격이 강하다. 또한 기수 간의 위계가 분명하며 본인만의 목표가 따로 있다. 이들에 대한 동기부여 방안은 역할 부여를 통해 조직에 기여하도록 하는 것이다. 자발적이고 주도적으로 일하게 해주는 것이 좋다. 칭찬을 많이 하고 위신을 세워준다. 이들의 업무에 실수가 없도록 강조한다. 베푸는 마음으로 상대하고, 부딪치지 않고 져준다. 실적에 치중하는 관리가 아닌 정 관리에 집중한다.

주 52시간제도, 최저 임금의 가파른 인상하에서는 생산성이 높지 않은 기업은 망할 수밖에 없다. 직원들이 보다 창의적이고 효율적으로 일에 몰입하고 성과를 창출하기 위해서는 동기부여를 해줘야 한다. 리더에게 조직과 직원의 마음을 훔칠 수 있는 리더십 능력이 강조되는 이유이기도 하다. 결코 혼자 갈 수 없

다. 함께 가야만 하는 환경이다. 조직 구성원들을 향한 동기부여는 이제 선택이 아닌 필수다.

· 지금 있는 곳에서 인정받아라 ·

A대리는 항상 불만이다. 대학 동기들은 대기업에 들어가 연봉 오천만 원이 넘고, 프로젝트에 참여해 해외출장을 간다. 하지만 A대리가 다니는 회사는 연봉도 낮을뿐더러 해외 출장에 갈 기회조차 없다. 회의에서 A대리의 반대로 분위기가 무거워진 적도 많았다. 어느 날 회사에서는 모처럼 회식을 간다. A대리는 자신이 가자는 일식집이 아닌 삼겹살을 먹으러 왔다며 투덜댄다. 전체가 하는 봉사활동, 대청소, 의무교육 자리에서 A대리의 모습은 찾을 수가 없다.

팀이 바쁘고 일이 급해도 A대리는 자신의 일만 하면 된다는 생각이다. 그의 출근과 퇴근시간은 늘 정확하다. 한번은 CEO가 관심을 갖고 있는 메가 프로젝트를 A대리가 담당하게 되었다. A대리는 이 프로젝트가 얼마나 중요한지를 잘 알고 있었다. 하나하나 신경을 쓰며 일을 한다. 팀원들이 도와줘야 하는데 관심을 갖지 않는다. A대리는 팀장에게 중요한 프로젝트에 팀원들이 조금씩 역할분담을 하여 기한 내에 마무리할 수 있도록 협조를 요청하였다.

팀장뿐만 아니라 팀원들 모두 그것은 A대리의 몫이라는 반응이다. 지금 이 자리에서 인정받지 못하는 사람이 다른 곳에 간다고 잘한다는 보장은 없다. 나중에 잘할 것이라는 기대도 할 수 없다. 다른 곳에 갈 사람이라면 지금 하고 있는 일에서 최고가 되고 난 다음에 떠나야 한다. 이직한 회사에서도 좋은 인상을 주고 싶다면 지금 현재 머무는 직장에서 좋은 평판을 받아야 한다. 직장을 떠날 때 배웅하는 동료직원들로 하여금 아쉬운 마음이 드는 사람이어야만 한다. 남들에게 항상 기억되는 사람으로 남아 있어야 한다. 그래야 이직한 회사에서도 원활한 회사생활을 이어갈 수 있다. A대리가 다른 회사로 자리를 옮기고 그 회사에서 A대리에 대한 평판 조회를 실시했을 때, A대리를 좋게 이야기해 줄 사람은 없다. 지금 머무는 자리에서 인정받아야 하는 이유다.

성공하는 사람들은 지금 이 순간에 최선을 다하는 사람이다. 그들은 자신의 일을 즐기며 항상 기대 이상의 성과를 창출한다. 함께하는 사람들을 소중히 여기며 자신이 조금 희생하더라도 지원하려 노력한다. 지금 제 몫도 못하는 사람을 좋게 기억할 사람은 그리 많지 않다.

• 직장 내 괴롭힘이 해소되지 않는 이유 •

1970년대와 80년대에 직장생활을 했던 분들은 직장에 대한 만족도가 일의 만족도보다 월등하게 높다. 이분들에게 일은 곧 삶이었다. 이제 사람들의 생각은 평생직장에서 평생직업으로 바뀌고 있다. 젊은이들은 일을 더욱 소중히 생각한다. 하지만 이 일을 내가 왜 해야 하는지에 관한 고민은 하지 않는다. 일의 가치와 의미에 대해 과연 얼마나 의미를 두고 있는지 젊은이에게 묻고 싶다. 일의 의미가 정립되지 않은 상황에서는 인간관계에서 오는 약간의 스트레스도 괴롭힘이라고 생각하기 때문이다.

직장 내 괴롭힘이 사라지지 않는 가장 큰 이유는 상사다. 직장이 우선이었던 시절의 사람들은 상사가 시키는 일은 무조건 해야 한다는 의식이 강했다. 상명하복의 문화, 함께 일하는 사람과는 좋은 관계를 유지해야 한다는 강박의식. 그 시절의 사람들은 아직도 직장이 직업보다 우선이라는 생각이 강하다. 이 의식 속의 리더십과 언행의 문제가 있다. 이런 시대적인 배경이 바로 직장 내 괴롭힘의 원인이라고 할 수 있겠다. 이것 외에도 다른 이유가 있다면 개인의 인성과 기질에 관한 문제다. 피해자의 성격과 직장생활의 적응능력으로 인해 괴롭힘이 발생하는 경우다. 내성적이며 적응력이 떨어지면 적극적인 해결 방안을 찾기 어렵다. 거기에다가 주변인들마저 무관심하다면 이는 더 큰 괴롭힘으로 다가올 것이다. 또한, 문제를 야기시키는 것을 용인하지 않고 자신의 의견을 주장하기 어려운 권위적인 조직문화도 괴롭힘의 한 원인이 될 것이다.

직장 내 괴롭힘을 두고 상사나 노조와의 상담 등 여러 대안을 마련하고 있다. 하지만 그것만으로는 아직 갈 길이 멀다. 인사상 불이익, 적당한 수준의 타협, 직장과 조직의 평판 우려, 개인의 성격 탓이라는 이유로 직장 내 괴롭힘의 문제는 쉽게 묵살당하곤 한다. 안일한 대처라고 할 수 있겠다. 이것 역시 오늘날 직장 내 괴롭힘이 근절되지 못하는 이유이기도 하다.

　나무에 박혀 있던 못을 빼내어 다른 곳에 박았다. 못이 빠져나간 자리엔 자국이 남았다. 그것은 나무의 흉터였다. 못을 박은 사람은 자신이 나무에 못을 박았다는 사실조차 기억하지 못할 것이다. 하지만 나무의 입장에선 그렇지 않다. 자신에게 못을 박는 아픔과 흉터를 남긴 사람. 나무는 그 사람을 잊지 못한다. 상대가 던진 말에 기분이 상하거나 다쳐본 적 있을 것이다. 혹은 내가 박은 못에 다친 사람도 어딘가에 존재할 것이다. 다만 나 자신이 모를 뿐이지. 앞으로는 그러지 말자. 내 옆에 앉은 상사, 혹은 앞에 앉은 아랫직원. 그들 역시 모두 사람이다. 상처를 주지 않도록 조심해야 한다. 그러지 않고 함부로 대했다간 언젠가 내가 한 못질 모두 돌려받을 날이 올 것이다. 인과응보라고 하지 않던가.

직장에서 배운 것

• 더불어 사는 삶 •

A어르신을 처음 뵌 것은 어느 겨울이었다. 운동하러 나갔다가 어르신을 마주쳤다. 눈이 많이 내린 새벽이었다. A어르신이 혼자 눈을 쓸고 있었다. 처음에는 그가 경비 아저씨인 줄 알았다. 그런데 자세히 보니 매일 인사하는 분이 아니었다. 그분은 1층의 내 집 앞을 쓸고 계셨다. 나 역시 도울 생각으로 빗자루를 들었다. 처음엔 빗자루로 집 앞쪽만 빠르게 쓸어낼 생각이었다. 그런데 함께하다 보니 어느새 빌라 전체의 길을 쓸게 되었다. 대충 눈을 치우고 "어르신 몇 동에 사세요?" 하고 물으니 어르신이 대답했다. 들어보니 내가 살고 있는 동과는 다소 떨어진 곳에 위치한 동이었다.

"혼자 이 빌라 전체의 눈을 다 쓰실 생각이셨어요?"

이렇게 물으니 어르신은 늙으면 잠이 없어진다며 허허 웃는다. 그러더니 가던 길을 간다. 알고 보니 A어르신은 빌라의 일꾼이셨다. 이분의 손길이 닿는 곳곳마다 깨끗해진다. 빌라의 알뜰바자회 때, 수고를 가장 많이 하신 분이었다. 분리수거할 때면 항상 나오셔서 도움을 준다.

A어르신은 사람은 더불어 함께 살아가야 한다고 말씀하신다. 고등학교를 마치고 군 제대 후, 첫 직장이 마지막 직장이었고, 자신이 하는 언행은 전부 직장에서 배웠다고 말한다. 지금 당신은 직장이나 가정에서 터득한 지혜를 후배들에게 물려주고 있는가?

• 최선을 다하고 있는가? •

병원의 중간 관리자를 대상으로 리더십 특강을 했다. 리더는 어떤 마음가짐을 가지고 어떤 역할을 수행해야 하는가. 각 상황에 맞는 현명한 의사결정은 무엇인가? 어떻게 성과를 내야 하는가에 대해 3시간 동안 함께 이야기를 나눴다. 성과창출을 해야 한다는 것은 다 아는 사실이다. 하지만 방법에는 차이가 있었다. 이론적으로는 한발 앞서 높은 목표를 설정하고 치밀한 계획 하에 악착같이 실행해야 한다. 실행 과정에서 중간점검을 하고 조언과 지시도 받고 달성해 가는 것이다. 하지만 회사마다 그 회사의 사업 특성에 따라 성과의 모습도 달라진다. 새로운 제품이나 서비스를 창출하는 것이 가장 큰 성과일 수도 있다. 값싸고 질 좋고 빠르게 많이 생산하는 것, 전 세계를 대상으로 신속하게 마케팅하고 판매하는 것, 가장 효율적이고 효과적인 방법으로 관리하는 것이 성과일 수 있다. 찾아오는 고객과 찾아오지 못하는 고객 한 명 한 명에게 최선을 다해 그들의 마음을 이해하고 감동시키는 것이 성과일 수도 있다.

자신의 일에서 최선을 다하는 마음은 무엇일까? 속해 있는 조직, 하는 일, 만나는 모든 사람에게 감사하는 마음을 갖고 있는 것이 기본 아닐까?

• 홀로 정상에 오른 사람은 없다 •

팀장 리더십 강화 과정 강의를 하러 가기 위해 기차를 탔다. 자리에 앉아 강의안을 보던 중에 60대로 보이는 어르신이 옆자리에 앉았다. 강의안을 보고 있는데 갑자기 어르신이 내게 대뜸 물었다. "리더에게 가장 중요한 일과 마음가짐이 무엇인가요?" 나는 이렇게 답했다. "중요한 일은 의사결정이고, 마음가짐은 조직과 구성원의 성장을 통한 성과창출이라 생각합니다." 그러자 어르신이 또 말씀하신다. 리더에게 가장 중요한 것은 "돕고 함께 가는 것"이라고 말이다. 팀장이나 임원 강의 시, 리더의 정의에 대해 참석자들에게 묻는다. 다양한 의견이 나오는데, 대개

"리더란 사업과 연계하여 방향과 전략을 정하고, 타인에게 선한 영향력을 주어, 함께 바르고 악착같은 실행으로 성과를 창출하는 사람"이라고 답한다. 어르신의 '돕고 함께하는 것'이란 말에 홀로 정상에 오른 사람은 없다는 사실을 깨닫게 된다.

어느 위치에 있든지 간에 자신의 힘만으로 이 자리에 서 있는 것이 아니다. 아이일 땐 부모님이 계셨고, 초등학생이 된 후로는 선생님이 계셨다. 직장생활에는 올바른 가치관을 가진 선배와 상사가 있어 한 걸음 한 걸음 정상을 향해 걸어왔다. 마침내 이 자리에 서게 되었다.

살면서 무엇이 가장 소중할까? 사람마다 소중함의 가치가 다를 것이다. 젊었을 때는 목표가 가장 소중했고, 결혼하여 나이가 들면서 재산이 가장 소중할 수도 있다. 아플 때는 건강이 가장 소중할 것이다. 사회생활을 하면서부터는 조직과 타인의 가치가 중요하게 여겨진다. 또한 그들이 가치 있는 일을 하도록 돕고 함께하는 것도 소중하다고 느낀다.

• 회사에서 인정받는 사람들은 무엇이 뛰어날까? •

경영자 또는 전문가로 성장한 것은 그만큼 인정을 받았다는 뜻이다. 직장인의 꿈은 승진이고, 승진의 정상은 경영자일 것이다. 전문성을 갖춘 경영자야말로 직장인들이 꿈꾸는 가장 이상적인 모습이다. 팀장, 실장, 본부장, CEO로 승진하는 사람들의 공통점은 크게 2가지이다.

하나는 높은 성과이고, 다른 하나는 뛰어난 관계이다. 와튼스쿨의 교수인 스튜어트 다이아몬드는 자신의 저서 『어떻게 원하는 것을 얻는가?』에서 12가지 비결을 다음과 같이 설명하고 있다.

> 목표에 집중하라.
>
> 상대의 머릿속 그림을 그려라.
>
> 감정에 신경 써라.
>
> 모든 상황은 제각기 다르다는 것을 인식하라.
>
> 점진적으로 접근하라.
>
> 가치가 다른 대상을 교환하라.
>
> 상대방이 따르는 표준을 활용하라.
>
> 절대 거짓말을 하지 마라.
>
> 의사소통에 만전을 기하라.
>
> 숨겨진 걸림돌을 찾아라.
>
> 차이를 인정하라.
>
> 협상에 필요한 모든 것을 목록으로 만들어라.
>
> - 스튜어트 다이아몬드, 『어떻게 원하는 것을 얻는가?』 중에서

12가지 비결을 중심으로 직장인의 업무에 적용하고, 각각의 중요한 포인트를 생각해 보았다. 여기 두 명의 직원이 있다. 한 사람은 A분야의 최고 전문가가 되겠다는 목표를 갖고 있다. 또

한 사람은 그냥 열심히 일하는 직원이었다. 이 둘 사이의 차이는 10년 안에 확연히 드러난다. 마찬가지로, 매년마다 하는 업무목표 설정도 중요하지만, 개인의 인생 비전과 목표관리를 해주는 회사가 더 성장할 수밖에 없다.

일을 잘하는 담당자는 상사의 목표, 기대 수준, 애로사항 등을 알고 있다. 상사와 자주 소통하며 상대방의 의중을 파악하고 방향을 정확하게 일치시킨다. 상사의 마음을 훔치는 리더는 항상 단 한 번에 결재를 득한다. 상대의 감정변화의 순간을 포착하는 능력이 뛰어나다. 상대에 대한 관심을 갖고 배려하는 자세를 취한다. 아무리 짧은 회의라도 무엇을 다룰지 구체적으로 알고, 어떤 주제를 어떤 순서로 논의할 것인지를 정해 결론을 낸다. 상대가 중요하게 여기는 것이 무엇인지를 알며, 상호 원원 win-win하는 대안을 제시할 줄 안다.

타이레놀 전량회수 결정과 같은 사례처럼 회사가 추구하는 핵심가치를 내재화하고 업무에 실천한다. 신뢰를 쌓기는 어려워도 깨지는 것은 한순간이다. 상대가 거짓으로 대하는데 누가 따르겠는가? 평소의 솔선수범과 정도 경영을 통해 신뢰를 쌓는다. 사람이란 본래 자기 말에 귀 기울여주고, 가치를 인정해주고, 의견을 물어주는 사람을 좋아한다. 평소 주변부서의 직원들과 대화하며 도움을 주고 열린 마음으로 신뢰를 쌓은 사람은 어디에서나 인정받는다. 상사가 가장 좋아하는 사람도 자신을 자주 찾아와 이런저런 이야기를 해주는 직원이다.

토요타자동차의 '5Why' 방식이라는 게 있다. 타 부서의 협력을 받아야 하는데 일이 잘 풀리지 않을 경우엔 왜 그럴까 하고 고민한다. 고민하는 과정을 통해 그들의 입장에서 원하는 답을 발견한다. 한 분야와 직무에서 30년의 경험을 쌓은 고참과 경력 3년 차인 직원이 있다고 가정해 보자. 두 사람은 같은 팀원일지라도 동일한 평가와 처우를 받지 않을 것이다. 시간의 차이가 있다. 인정받는 사람들은 최근 입사하는 신세대의 특성과 자신의 사고방식이 다르다는 사실을 잘 알고 있으며 이를 인정한다. 성장하는 직원은 지식을 수집하고 분석하며, 체계적으로 분류하여 업무에 활용한다. 나아가서 조직과 구성원과의 지식공유를 당연하게 생각한다. 이들은 지식경영의 토대는 기록관리임을 알고 실천한다.

Chapter 5

흔들리면 안 되는 리더

CEO가 임원에게
들려주고 싶은 3가지 이야기

· 위기감이 없다 ·

회사가 저성장을 계속하고 있다. 매출과 이익이 눈에 띄게 하락하고, 직원들 사이에서는 흉흉한 소문들이 회자된다. "이번에 무슨 사업부는 적자 폭이 크기 때문에 매각 예정이래.", "김상무는 실적 악화를 책임지고 사표를 냈다고 해.", "틀림없이 회사는 구조조정 10% 이상 할 거야. 지금 상태로는 견딜 수 없어." "이거 우리 잘못인가? 방향과 전략을 잘못 설정하고 이끈 경영자 잘못이지." 등의 소문들이 돌게 된다. 이런 소문을 듣게 되면 제 아무리 강한 CEO라도 흔들리게 된다. 경영위원회에서 발표되는 안건들은 단기 실적 위기의 땜질식 주제가 대부분이다. 열띤 토론이나 해결 방안에 대한 논의는 없고 발표하는 임원의 소리만 있을 뿐, 대부분은 그저 듣고만 있다. 이런 모습을 보면 화가 난다. "3년 후, 우리 회사가 어떤 모습이 되어야 하며, 이를 달성하기 위한 전략과 중점과제를 발표하라."는 지시를 내리고 1달 후 실시된 특별 경영워크숍에서 CEO는 절망을 느끼게 된다.

3년 후 바람직한 모습은 현 수준의 연장선에 불과하고 위기 대응 플랜이나 도전 목표는 찾아볼 수 없다. 자신의 사업부만 생각했지, 전사의 모습과 연계된 타 사업부와의 조율이 전혀 없다. 임원들의 전략이 서로 상충하고, 중점과제는 그 비중의 차이가 확연하다. 3년임에도 불구하고 로드맵과 연도 별로 집중해야 할 구체적 내용이 없다. 더 심한 것은 당장 금년과 내년의 실천사항이 없다는 것이다. "나의 임기 동안 이 회사는 존재할 것이고, 나는 내 몫만 챙기면 된다."는 사고가 사원이 아닌 임원의 생각 속에 자리 잡고 있는 듯하다. 임원의 위기의식이 없는 생존전략을 듣는 CEO는 임원들에게 무슨 이야기를 들려줄까?

· 임원에게 들려주고 싶은 이야기 ·

CEO를 두고 고독한 자리라고 했다. 홀로 고뇌하고 번민하기 때문이다. 지금의 경영은 결코 혼자 할 수가 없다. 방향과 전략을 함께 정해 중점과제를 선정하여 혼신의 힘을 다해 추진해도 글로벌 경쟁에서 이긴다는 보장이 없다. 혼자의 결단이 필요한 경우도 있지만, 집단의 결정을 이끌어내야 한다. 한마음이 되어 한 방향으로 나아가야만 한다. 경영진이 한 마음을 갖고 한 목소리를 내야 한다.

임원이 회사의 현실을 다 알고 있을 것이라는 생각은 착각이다. 임원들이 회사의 현황과 미래 전략에 대해 설명하지 못하고 자신이 담당하는 조직이나 사업에 대해서만 관심을 갖고 있는 경우도 많다. CEO와 교감을 이루지 못하고, 전사의 방향과 전략을 연계시키지 못하는 임원이 있다. 임원은 회사의 밸류체인이 구성된 방식과 전개되는 방향을 알고 있어야 한다. 무엇이 핵심이고 무엇이 장애 요인인지를 명확히 알고 있어야 한다. 전 공정과 후 공정을 고려하여 일을 처리하는 임원은 그리 많지 않다. 내부 경쟁이 아닌 외부 경쟁, 나아가 글로벌 경쟁상대를 정하고 악착같이 실천해야 한다. 하지만 개중에도 내부 경쟁자와 경쟁하고 갈등을 조장하며 협력을 방해하는 임원이 있다.

CEO가 임원들에게 들려줄 두 번째 주제는 임원의 역할이다. 현직 임원들은 과거에 높은 성과를 낸 사람들이다. 그들은 과거에 부장이나 팀장의 위치에 있을 때, 회사와 직무에 대해 강한 충성심을 갖고 있었던 자들이다. 전문성을 바탕으로 높은 성과를 냈기 때문에 임원이 된 사람이 대부분이다. 임원으로서의 역할을 명확히 숙지한 상태에서 실전에 투입된 사람들은 많지 않다. 임원이 될 사람을 선정한 후에야 그 역할을 부여하는 경우가 훨씬 많다. 상황이 이렇다 보니 자신이 어떤 역할을 해야 하며 보다 높은 성과를 창출하기 위해서는 무엇에 집중해야 하는가를 알지 못하는 임원들이 많다.

임원은 가치관을 수립하여 내재화하고 업무에 체질화하도록 이끄는 사람이다. 변화를 읽고 선점하여 앞서 가도록 하는 사람이다. 솔선수범과 정도경영으로 악착같이 실행한다. 그리하여 높은 성과를 창출하는 사람이다. 이를 위해 임원은 손발이 바쁜 사람이 아닌 머리를 이용하여 길고 멀리 보며 전사적 의사결정을 하는 사람이 되어야 한다. 조직과 구성원을 키우는 사람이며, 후임자를 조기에 선정하여 강하게 육성시키는 사람이다. 대내외 네트워크를 활용하여 회사의 이미지 제고에 앞장서는 사람이다. 군림하는 사람이 아닌 함께 새로운 사업 기회를 창출하고 이끌어 지속적으로 성과를 이어가는 사람이다.

CEO가 임원들에게 들려줄 세 번째 주제는 결단과 책임이다. CEO는 최종 결정자로 두려움 속에서 결단을 내려야 한다. CEO에게는 자신이 내린 결정에 대한 최종 책임이 있다. 임원들이 보완을 해 주지 않으면 CEO는 하루하루가 살얼음을 걷는 느낌일 것이다. 임원들이 CEO를 보완하기 위해서는 조직과 직원의 마음을 훔쳐야 한다. 임원 간의 열린 토론과 소통으로 서로가 서로를 인정하며 자신의 몫을 완벽하게 마무리해야 한다. 최소한 3년을 바라보며 명확한 철학과 원칙, 전략과 중점과제, 로드맵을 가지고 있어야 한다. 결단을 내리고 책임을 져야 한다. 임원이 되어 회사와 함께하는 임직원, 회사의 제품과 서비스,

자신의 일에 불평하는 사람이 있다면 이미 임원이 아니다. 용장 밑에 약졸 없다고 한다.

· 고집이 세다 ·

매년마다 자신의 강점과 약점에 대해 피드백을 받고 있는가? 3년 이상 함께 생활한 직원이나 후배들에게 리더인 나의 강점이나 약점을 적으라고 하면 그들의 입에서 고집이 세다는 말이 꼭 나온다. 리더로서 해야 할 일을 하나만 뽑으라고 한다면 무엇일까? 바로 의사결정이라고 생각한다. 이 의사결정을 하는 데 방향, 전략, 전문성, 생각도 없다면 어떤 일이 발생하겠는가? 의사가 일관성 있게 결정되지 않고 상황에 따라 달라질 것이다. 그렇게 되면 함께 일하는 직원들은 매우 힘들 것이다. 직원들이 리더를 믿고 따르는 이유는 그가 내린 결정이 올바르기 때문이다. 어렵고 힘든 결정을 일관성을 갖고 신속하게 내려주고, 담당자가 작성한 보고서를 한 번에 결재를 받아주면 따르지 말라고 해도 따르게 된다. 리더가 방향과 전략, 과제에 대한 결정을 제대로 해준다면, 담당자들은 열심히 할 준비가 되어 있다. 리더는 충분한 자료를 수집하여 분석하게 하고, 도출한 대안 가운데서 자신만의 최적안을 선정하는 원칙이 있어야 한다. 이 원칙은 그 어떠한 경우에도 흔들려서는 안 된다. 그래서 리더는 고집이 세다는 말을 듣는다.

리더가 원칙을 준수할 때는 단기적 실적만 추구하거나 사심이 들어가면 안 된다. 자기 조직과 자신만을 위한 의사결정은 편협할 수밖에 없다. 회사 전체로 보면 손해가 되는 경우도 있다. 리더가 자신만을 생각한다면 절대 자신의 자리에 올 후계자를 선발하거나 육성하지 않을 것이다. 만일 자기 조직만 생각하는 리더들만이 회사 내에 득실댄다면 그 회사는 망하게 된다. 사심을 버리고 전체를 위하는 리더만의 고집이 있어야 한다. 그래야 직원들이 리더를 믿고 따를 것이다.

고함치며 성과 닦달하는 리더,
어떻게 해야 하는가?

· A팀장을 어떻게 해야 하나? ·

A팀장은 회사에서 중요한 위치에 있는 리더이다. 고성과자이기도 하다. 그는 회사의 성과를 위해 온몸을 바치는 스타일이다. 욕심이 과하여 업무 목표를 너무 높은 수준으로 정한다. 야근, 주말 근무 등을 통해서라도 과업을 달성하지 못하면 직원에게 고함을 지르며 질책한다. A팀은 매우 높은 성과로 매년 1등을 하고 좋은 평가를 받는다. 직원들은 1년 내내 긴장하고 성과 달성도 못 하는 찌질이었다가 평가가 발표되는 딱 하루만 인정받는 사람이 되는 느낌이라고 한다. A업무만 하는 비정규직 직원들은 성장을 위해 B업무도 추가되길 바란다. 반면에 B업무를 도맡아 하는 정규직 직원들은 과로로 인해 건강이 나빠지기도

한다. 일과 가정의 양립이 어려운 상황이다. 이런 와중에도 A팀장은 A, B업무를 완벽하게 차단한다.

직원들은 성과를 조금 포기하고 대신에 여유를 갖고 일했으면 하는 마음이다. 1등을 유지하기 위해 기존의 성과도 포기할 수 없고 새로운 것도 해야 한다고 하니 직원들은 힘에 겨워한다. 신규채용이 불가한 상황에서 CEO는 이런 조직과 직원의 특성을 잘 알지만, 우수한 성과가 창출되기 때문인지 고생한다는 말만 전할 뿐 개선할 의사는 없어 보인다. 직원들은 단기실적에 대한 압박과 A팀장의 닦달에 갈수록 웃음을 잃어가며 퇴직을 생각한다. 성과는 좋지만, 이를 내기 위해 직원을 닦달하는 A팀장을 어떻게 해야 할까?

리더는 길고 멀리 보며
• 직원들이 성장하도록 인내하며 기다려야 한다 •

시대가 바뀌고 있다. 직원들이 더욱 긴장하고 열심히 일을 하리라는 생각으로 고함치고 질책하는 시대는 이미 지났다. 우리나라의 경우, 1970~1990년대까지는 효율성이 중시되는 산업사회였다. 이런 사회에서는 강렬한 카리스마와 리더십을 가진 리더가 돋보였다. 지금과 같은 글로벌 경쟁하에서의 창조사회는 존재하지 않았던 새 가치를 찾아 끊임없이 혁신하는 조직과 직원의 경쟁력이 없으면 무너질 수밖에 없다. 이제는 직원들이 자율적이고 창의적인 방법으로 일을 주도해 나가야 한다.

　문제는 리더도 조직의 창의성을 높이기 위해서 자율문화를 가져가야 한다는 점이다. 아직 조직과 직원의 성숙도가 이 수준에 이르지 못함을 알고 있다. 자율을 주면, 규율이 무너지고 안일함을 추구하게 되어 목표의식이 사라져 실적이 악화될 것을 걱정한다. 최고경영자의 경우, 무거운 책임의 짐을 지고 회사를 이끌다 보니, 회사를 위해 고민하는 사람은 나 혼자뿐이라는 외로움이 밀려온다. 하루에도 수많은 의사결정, 방향과 전략에 대한 리뷰, 결과에 대한 책임감, 경쟁과 규제 속에서 생존이 가장 중요한데 자칫 잘못하면 천 길 낭떠러지로 떨어질 수 있다는 위기감으로 밤잠을 설치게 된다. 회사가 내일 당장 문을 닫을 수도 있는데, 직원들은 무사태평이다. 화가 나는 것은 회사가 적자임에도 높은 수준의 급여 인상과 성과급 지급, 더 편안한 작업환경을 요구하며 불평불만을 쏟아내고 있는 직원들을 볼 때이다.

　왕의 역설이란 이야기가 있다. 왕이 신하를 억압하고 지배하며 그들이 하는 일을 하나하나 통제하면 할수록 신하는 더 약해지고 우유부단하고 고민을 하지 않는다고 한다. 결국 그 왕은 노예의 왕이 될 뿐이다. 리더가 강압적이면 처음엔 잘 따를 것이다. 하지만 직원들은 갈수록 무능해진다. 직원들이 성장하여 자신의 몫 이상을 할 수 있도록 참고 기다리는 용기와 여유가 필요하다.

리더는 방향과 전략과 큰 틀을 중심으로
• 의사결정하는 사람이다 •

리더, 특히 CEO에게 있어 회사는 자신의 전부이다. 과정도 중요하지만, 새로운 가치를 통한 결과가 창출되어 회사가 지속 성장하도록 해야만 한다. 혼자 할 수 없기 때문에 조직과 직원들과 함께 가야만 한다. 역할에 대한 명확한 인식이 있어야 하며 서로 믿고 존중하는 문화가 저변에 깔려 있어야 한다. 리더의 가장 중요한 역할은 현재를 기반으로 미래를 보며 방향과 전략, 큰 틀과 중요 과제, 회사를 하나로 이끄는 가치관을 정립하는 등의 올바른 의사결정을 하는 것이다. 리더는 직원들에게 인정받기를 바라기보다는 대가를 바라지 말고 직원들과 솔선수범하며 함께 나아가야 한다. 목표, 도전, 열정과 고통을 나누며 직원들의 마음속에 깊이 존경받는 롤모델로 자리 잡아야 한다. 자신이 세운 목표를 달성하기 위해서는 직원들을 닦달하는 것이 아닌 직원들의 눈이 되어 그들의 생각과 행동을 읽어야만 한다. 그들이 회사와 자신에게 얼마나 소중한 존재인가를 인식하고 소중하게 간직하고 표현해야 한다. 플랫폼을 가지고 있는 기업이 업계를 지배한다고 한다. 직원의 마음을 훔치고 간직되기 위해서는 닦달하는 예전의 리더십이 아닌 직원들을 성장시키고 가치와 공감을 통한 소통과 하나 됨의 리더십을 가지고 있어야 한다.

나 아니면 안 된다

• [사례1] 재무본부장의 인재육성 •

A기업 인사 컨설팅을 진행할 때의 일이다. 구성원 의식 설문 조사를 했는데, 재무본부의 만족률이 전 항목의 전사 평균점수 보다 낮았다. 육성과 관련한 긍정응답률은 전사 긍정응답률의 75점이었다. 그에 비해 재무본부는 5점이었다. 이 점수는 재무 본부 직원들이 역량 목표와 개발에 대해 관심이 없거나 불만이 많다는 사실을 나타내는 매우 낮은 점수였다.

재무본부에 대한 인터뷰를 실시하면서 놀라운 사실을 알게 되 었다. CEO는 재무본부장에 대한 신뢰가 두터웠다. 본부장은 책 임감이 강하고 맡은 일에 대해 철저하며 추진력이 강하다고 한 다. 재무본부의 팀장들에 대한 그룹 인터뷰에서는 서로가 눈치를 보며 말을 하지 않는다. 특히 본부장의 리더십에 관한 질문에는 노코멘트로 일관한다. 팀원 인터뷰는 개개인으로 진행되었다. 차장과 부장은 총 3명, 과장 이하는 직위별 2명씩 심층인터뷰를 실시했다. 이들과의 인터뷰에서 도출된 결과는 충격적이었다.

본부장은 자신과 경쟁상대가 될 만한 팀장은 곁에 두지 않는다고 한다. 이전에 김 팀장이 덕망도 있고 전문성이 높은 재무통이었는데, 본부장이 그를 다른 본부로 강제 배치했다고 한다. 3명의 현 팀장들은 전부 팀장 1~2년 차로 이전에 재무부서에 근무한 적이 없는, 그렇게 유능하지 않은 관리자라고 한다. 본부장이 중요한 일은 담당자에게 직접 지시해 보고를 받고, 결과에 대해서도 담당자에게만 피드백한다고 한다. 조직원들은 갈수록 수동적으로 변하고, 활력은 사라져 갔다. 갈등만 높아지는 상황이었다.

· [사례2] 임원 대상의 6개월 합숙 교육 ·

S그룹은 6개월 코스의 경영자 과정을 개설했다. 현직 임원을 대상으로 업무를 떠나 6개월 동안 합숙으로 진행되기 때문에 임원들 사이에 이 과정은 임원 구조조정의 수단이며, 이 과정에 참가하는 임원들은 대부분 보직을 받지 못할 것이라는 소문이 회자되었다. 인원이 선정되었고 교육이 진행되었다. 선발된 임

원들은 뛰어난 성과를 창출한 유능한 부사장부터 임원이 된 지 1년밖에 되지 않은 이사까지 다양했다. 우려했던 저성과 임원들만 구성된 것이 아니었다. 6개월의 교육은 전략적 의사결정 사례연구와 해외 벤치마킹까지 포함된 비용이 높은 과정이었다. 6개월이 지난 후 승진을 하거나 핵심 부서로 배치된 임원들도 있었고, 보직을 받지 못하고 떠난 임원도 있었다. 교육 중 임원들이 받은 가장 큰 충격은 6개월 공백 기간 동안 아무 일도 일어나지 않았다는 점이었다. 자신이 자리를 비우면 조직이 망하거나 성과가 급격하게 떨어질 것이라 예상했는데, 아무 이상도 없었던 것이다. 오히려 성과가 더 높아진 곳이 많았다는 점이 충격이었다. 교육을 수료한 임원들은 교육에서 얻은 사례 중심의 학습과 임원으로서 무슨 역할을 할 것인가에 대한 고민을 바탕으로 한 단계 수준 높은 리더십을 발휘하게 되었다.

• 내가 없으면 되는 일은 없다 •

관리자 또는 경영자의 위치에 오르면 누구나 그런 생각을 한 번쯤 한다. 자신이 자리에 없으면 담당하는 조직이 콩가루가 될 것이라는 생각 말이다. 자신이 모든 의사결정을 해야 하고, 출장을 가서도 불안해서 회사에 자주 전화를 한다. 일을 지시하고 불안한 마음에 중간 점검을 한다. 점검을 통해 오류라도 발견하면 속으로 점검하길 잘했다는 생각을 한다. 이후로 이러한 경향은 심화된다. 하나에서 열까지 다 지시하고 점검한다. 틀리거나 게으르면 호통을 친다. 이런 리더의 공통점은 일이 줄지 않고 쌓여간다는 점이다. 또한 자신이 모든 일을 다 책임져야 한다는 생각을 버리지 못한다. 직원들이 똑똑하지 않고 열심히 하지 않는다는 생각만 한다. 조직과 구성원들의 역량이 강화되기는커녕 갈수록 활력을 잃어 간다. 구성원들은 일을 대충 한다. 시키지 않은 일은 하려고 하지 않는다. 리더가 다 고칠 것이라는 생각이 팽배하다. 시간이 되면 눈치 보며 퇴근할 준비만 한다. 그들에게 있어서 회사는 그저 생계의 수단일 뿐이다. 회사에서 즐거움을 찾지 못하고 회사 바깥에서 찾는다.

• 리더는 방향과 전략을 제시하고 믿고 맡겨야 한다 •

리더가 모두의 일을 대신할 수는 없다. 리더는 머리가 바빠야 한다. 팔다리가 바쁘면 곤란하다. 리더는 변화를 읽고 선제적 대응을 해야 한다. 사업과 회사의 현재와 미래를 바라보며 전략적 의사결정을 해야 한다. 비전과 전략, 중점과제와 그라운드 룰을 만들어 구성원들을 한 방향 한마음으로 이끌 수 있어야 한다. 강한 실천을 강조하며 솔선수범해야 한다. 리더가 솔선수범하는 것은 의사결정이지 자료를 수집하고 분석하며 문서를 작업해서는 곤란하다. 자신이 맡은 역할을 다해야 한다. 리더가 없어도 되는 조직과 없어서는 안 되는 조직이 있다. 리더가 실무 업무를 하고 있다면, 리더가 없을 때 더 좋은 성과가 창출되며 팀워크가 강화된다. 리더가 비전, 전략, 중점과제를 중심으로 의사결정을 한다면 리더는 없어서는 안 되는 존재다. 그런 조직의 경우 구성원의 역량은 강화되며, 큰 성과를 창출하게 된다.

· 나는 리더인가? ·

조직을 이끄는 리더는 무엇을 할까. 그는 어떤 역량을 갖추어야 할까?

최근 팀장과 임원을 대상으로 역할과 의사결정에 관한 강의를 진행하며 약간의 충격을 받고 있다. 내부 승진하는 경우가 대부분인 기업은 상사가 했던 방식을 그대로 답습하는 경향이 강하다. 체계적이고 지속적으로 관리자와 경영자가 되는 수업을 받지 못했다. 실무자에서 관리자가 되고, 관리자에서 경영자가 되었을 때, 내가 잘했기 때문에 승진했다고 생각한다. 역할이 달라졌음에도 불구하고 성공경험이나 이전의 역할을 그대로 적용한다. 상황이 이렇다 보니 실무자 때에는 일 잘하던 인재가 팀장이 되어서는 문제 있는 리더가 되기도 한다. 또한 최고의 성과를 내던 팀장이 임원이 되어서는 팀장이었을 때와 차이가 없다는 말도 듣는다. 리더는 어떤 역량을 보유해야 하며, 어떻게 일을 해야 할까?

리더가 제대로 해야 할 일 한 가지를 말하라고 한다면 나는 의사결정이라고 답할 것이다. 이 의사결정을 잘하기 위해서 가장 중요한 역량을 지금까지는 전문성이라 생각했다. 전문성을 쌓기 위해 한 직무에서 다양한 전문가를 만나고, 관련 서적을 많이 읽고, 더 힘든 과제에 도전하는 것이 필수적이라 생각하고 노력해 왔다. 하지만 오랫동안 리더 생활을 하면서 깨달은 것이 있다. 리더는 공동의 목표를 달성하기 위해 타인에게 자극이나 영향력을 행사하고 솔선수범하여 함께 성과를 창출하는 사람이라는 사실이다. 이를 위해 리더가 갖추어야 할 자세는 평소 일반 직원과는 차별화된 자리에 있어야 한다는 점이다. 보다 높은 시각을 갖고 직원 한 사람, 한 사람에게 관심을 갖고 그들의 역량을 키워줘야 한다. 물론, 이 또한 어떤 부서에서 근무하는가에 따라 달라져야 한다고 생각한다.

리더가 갖춰야 할 역량은 다음과 같다.

첫째, 회사와 직무에 대한 올바른 가치관이다. 좋은 품성을 기반으로 회사와 직무에 대한 로열티가 강해야 한다. 이 회사의 이 직무를 하고 있다는 사실에 감사하는 마음이 있어야 한다.

둘째, 현재와 미래를 냉철하게 파악하는 선견력이다.

뛰어난 리더는 자신이 속한 회사와 조직의 현재 수준을 명확히 파악하고 있어야 한다. 3년 후에 조직이 어느 방향으로 가야 바람직한 모습인지 알 수 있어야 한다. 이를 위한 전략과 중점 과제를 계획하고 있어야 한다. 현재의 트렌드와 이슈를 냉철하게 분석하여 다가올 미래를 미리 대비해야 한다.

셋째, 담당하는 직무의 높은 전문성이다.

리더가 만일 직무에 대한 전문성이 떨어지게 된다면 직원들에게 휘둘릴 수밖에 없다. 완전히 새로운 직무를 맡게 되더라도, 리더는 한 달 이내에 그 직무의 전체 흐름을 파악할 수 있어야 한다. 단계별로 무엇이 중요하며 어느 방향으로 가야 맞는지를 꿰뚫어야 한다. 업무의 전문성을 갖고 방향과 큰 틀을 제시할 수 있을 때에야 비로소 직원은 삽질하지 않고 앞만 보며 달릴 수 있다.

넷째, 조직과 구성원을 장악하여 역량을 이끌어 내는 능력이다.

조직은 비전과 전략 그리고 그라운드 룰에 의해 한 방향 한 마음을 가질 수 있어야 한다. 조직을 움직이는 힘, 정보와 자료의 공유, 자연스런 열린 소통이 하나가 되어야 한다. 그래야 강해질 수 있다. 구성원의 마음을 훔쳐야 한다. 꿈과 목표를 주며, 일의 방향과 방식을 제시하고, 자극을 줘서 직원들로 하여금 깨닫게 해야 한다. 항상 공평과 공정을 생각하며 직원들이 존경하는 롤모델이 되어야 한다. 사람을 각 개인별로 대할 때와 집단으로 대할 때를 구별할 줄 알아야 한다. 언행에 유념하여 긍정의 힘을 전달해야 한다.

다섯째, 악착같은 실행력으로 성과를 창출해야 한다.

아무리 앞의 4가지 역량을 갖추었다고 하더라도 성과를 창출하지 못하는 리더는 리더가 될 수 없다. 기업은 지속성장해야 하기 때문에 이익(성과)이 있어야만 한다. 성과가 없는 기업이나 조직은 힘들 수밖에 없다. 조직과 구성원의 악착같은 실행을 통해 성과를 창출하도록 리더는 항상 목표와 과정관리 등 성과관리를 철저히 해야 한다. 성과 창출에 어려움을 주는 장애요인을 제거해 주는 이도 바로 리더이다. 그러므로 리더는 온정과 냉정을 겸비해야 한다. 좋은 리더는 일, 조직, 사람, 변화관리의 핵심이다.

나를 힘들게 하는 직원

· 리더가 기대하는 직원 ·

많은 리더들은 직원들이 스스로 알아서 해주기를 기대한다. 제안 또는 아이디어를 갖고 주도적으로 일을 추진하며, 일의 진행 상황을 중간중간마다 보고할 것이라고 기대한다. 많은 문제점을 해결해가며 주어진 기일 내에 일을 끝낼 것이라고 기대한다. 하지만 스스로 일을 기획하여 추진하는 직원은 없다. 직원의 대부분은 지시를 받아 일을 하고, 리더의 말과 행동을 지켜보며 그대로 따라 한다. 리더가 본분을 보여야 한다. 리더들도 이와 같은 사실을 알고 있지만, 다음과 같은 직원을 보며 화가난다. 특히 중간 관리자인 팀장들이 사원들처럼 행동하면 답답해진다.

· 리더를 힘들게 하는 직원 ·

리더를 힘들게 하는 직원들에는 어떤 유형들이 있을까? 다음
과 같은 유형들이 있다.

- 자신이 담당하고 있는 일의 성과관리가 안 되는 직원
- 말을 함부로 하여 조직 내 분란을 야기하는 직원
- 열정이 부족하고 실행에 대한 집요함이 매우 떨어지는 직원
- 일주일에 두세 번은 10분 이상 지각하는 직원
- 팀의 직원 간의 불화로 조직 분위기를 냉랭하게 만드는 직원
- 자신의 일만 할 뿐 팀과 타인의 일에는 전혀 관심이 없는 직원
- 무슨 일만 있으면 그만두겠다는 말을 자주 하면서 정작 퇴직은 하지
  않는 직원
- 이해력이 달리고, 듣고 싶은 것만 들으려는 직원
- 고객 관리를 하지 않고 팀장에게 떠맡기려는 직원
- 성취감이나 비전이 없는 직원
- 교육과 면담을 해도 변화가 전혀 없는 직원
- 후배 직원에 비해 직무역량이 떨어지며 배우려 하지 않는 직원
- 고객 관리를 하지 못하고 불평불만만 토로하는 직원
- 공사를 구분하지 못하고 회사 돈과 물건을 자기 마음대로 사용하는
  직원
- 하려면 하라는 식의 소통이 되지 않는 직원
- 1등에 대한 욕구만 강하고 잘하는 직원을 인정하지 못하는 직원

· 말과 행동으로 타인에게 상처를 주는 권위적인 직원

· 고객과의 상담을 힘들어하는 직원

· 아무리 방법을 알려줘도 성과를 올리지 못하는 직원

· 신뢰가 되지 않는 직원

· 팀원의 잘못을 팀장에게 고자질하며 불만을 토로하는 직원

· 바쁘다는 말을 입에 달고 지내면서 목표 달성이 안 되는 직원

· 팀장이 마음에 들지 않는다고 차상급자나 외부 기관에 투서하는 직원

· 리더는 조직과 구성원을 성장시키는 사람이다 ·

리더는 조직을 이끄는 비전, 전략, 원칙이나 그라운드 룰을 만들고 조직원에게 내재화하고 실천하도록 이끄는 사람이다. 한마음이 되어 한 방향으로 가기 위해 무엇을 어떻게 정하고 실천하느냐는 매우 중요하다.

리더는 직원들로 하여금 항상 나와 함께할 수 있는 사람이라는 생각이 들도록 해야 한다. 리더가 직원을 육성할 때에도 단계가 있다. 그 단계란 다음과 같다. 직원이 일을 수행하는 단계 → 문제와 원인을 찾고 개선하는 단계 → 가르치며 성과를 내는 단계 → 조직의 변화를 이끌며 혁신을 주도하는 단계로 나누어 어느 수준까지 육성할 것인가에 대해 결정해야 한다.

박지성이 히딩크를 향해 뛰어가는 사진을 본 적 있다. 직원들이 기쁠 때, 가장 먼저 뛰어가는 사람이 리더가 되도록 노력

해야 한다. 구성원 한 명 한 명에 대해 관심을 갖고 그들의 꿈과 목표, 애로사항, 직무의 수준과 성장 경로, 성격의 장단점과 일하는 스타일을 알고 무엇을 해 주길 원하는지 알고 있어야 한다. 리더는 목표를 달성하고 조직과 직원을 성장시키는 사람이다. 함께해야 한다. 혼자서 할 수 있는 일이란 없다. 그들에게 영향을 줘서 그들이 해낼 수 있도록 동기부여 해야 한다.

리더가 절대 해선 안 되는 일은 바로 불평과 비난이다. 리더는 함께하는 사람, 회사의 제품과 서비스, 자신이 하는 일에 대해서는 절대 나쁜 말을 해서는 안 된다. 직원과의 면담 자리 또는 식사 자리에서도 그렇다. 자리에 없는 다른 직원의 장점과 단점, 그 어떤 말도 해서는 안 된다.

리더는 조직과 구성원에게 방향과 목표, 전략과 중점과제를 제시하며 동기부여를 하고 성장시키는 사람이다. 그러니 힘든 것이 당연하다. 그렇게 생각하며 수용하고 성장해야 한다.

· 누가 임원이 되는가? ·

공무원 리더를 육성하는 세미나에 참석한 적 있었다. 세미나에서 나는 공직사회가 더 강한 리더를 육성하기 위해서는 사무관이 되기 이전부터 선발형 리더 육성을 해야 한다고 주장했다. 공평의 논리로는 국내 경쟁을 버틸 수 있지만, 글로벌 경쟁은 이겨내지 못한다. 정년보장과 상명하복의 문화가 깊숙이 자리

잡은 공직사회에서 특정 직급의 선발 인원을 육성하여 승진 등 혜택을 주는 것은 어렵다고 한다. 이제는 틀을 깨야 한다.

이건희 회장은 이렇게 말했다. '한 명의 천재가 만 명을 먹여 살린다.'고 말이다. 그 얘기를 듣고 사람들은 말도 되지 않는 소리라고 했다. 그렇게 살아간다면 차별적 성과주의의 폐단이 나타날 것이며 소수 핵심인재만으로는 조직을 이끌어 갈 수 없다는 의견이 많았다. 하지만 반도체, 정보통신, 생활 가전에서 세계적 기업들과 경쟁하면서 국내 마켓이 아닌 세계 마켓에서 1위를 차지하기란 쉽지 않다. 핵심기술을 보유하지 않으면 이룰 수 없다. 핵심기술은 한순간에 만들어지지 않는다. 엄청난 투자와 오랜 기간 동안 뛰어난 아이디어와 실패의 과정을 겪은 후에야 비로소 핵심기술을 보유하게 된다. 인재도 마찬가지이다. 세계적인 인재는 한순간에 만들어지는 것이 아니다. 오랜 기간 동안 경험과 지식을 쌓고 많은 경쟁과 도전의 과정을 겪은 후에야 인재는 만들어진다. 인재가 되면 무엇보다도 성숙해지고 전략적 의사결정을 하게 된다. 물론 세계적 인재를 외부에서 스카우트 할 수도 있다. 그러나 사업의 본질을 안다고 해도 기업의 오랜 문화를 모르면 조직에 동화되기가 어렵다. 그 기업에 맞는 경영과 기술을 펼 수가 없다. 많은 기업들이 그룹 공채를 통해 사람을 선발하여 회사 내부에서 인재를 육성한다. 우수 인재를 선발하고 더 많은 이들에게 도전의 기회를 주기 위해서다. 이것은 인재를 경영자와 핵심직무전문가로 만들어 가는 이유이기도 하다.

기업을 이끌어 가는 경영자가 되려면 오랜 기간 동안 조직에서 육성되어야 한다고 생각한다. 그룹 인사를 총괄하게 된 사람이 있다고 치자. 그는 신입사원에서 최고경영자가 되기 위한 리더십 파이프라인을 완성하였다. 신입사원으로 입사하여 1달 입문교육 중, 교육을 담당하는 3년 차의 지도 선배에 의해 상위 20%의 우수인력이 선발된다. 이 20%의 인력에 대하여 3년 동안의 현업 근무 성적과 리더의 관찰 사항, 외국어 역량 등을 검토하게 된다. 물론 최초의 20% 안에 선정되진 않았지만, 현업에서 발굴의 역량을 발휘한 직원에 대해서는 동일한 기회가 부여된다. 과장 중에 성과 우수자와 역량이 뛰어난 30%가량의 우수인재는 과장능력개발 과정의 대상자로 선발된다. 이 과정을 수료하면 대부분 차장으로 승진한다. 부장 레벨에서 팀장이 될 수 있는 자격이 부여된다. 차장과 부장 중 3개년 고과 상위 10% 이내이면 인성과 전문성에 대한 엄격한 교육과 심사 후에 팀장이 된다. 이러한 과정을 거쳐 팀장이 된 우수인재들은 타 팀장에 비해 근속이나 연령이 낮다. 영향력 있는 임원 중에 한 명이 멘토가 되어 1년 가까이 조언과 멘토링을 해준다. 팀장으로서 역할을 탁월하게 수행하고 성과가 높으면 타 사업부와 해외 전략지역에 근무하여 성과를 창출하도록 한다. 통상 팀장이 되어 4~5년 후에 임원 후보자가 된다. 이들은 3년 이내에 예비 경영자 교육을 이수하고 임원 후보자 대상이 될 수 있도록 제도가 설계되어 있다. 임원후보자로 선발된 사람은 통상 6~7개의 관문을 통과하게 되고, 외부 스카우트가 아닌 내부 발탁 승진으로 40대 초에 임원이 될 수 있도록 기회를 마련하였다. 임원이 되어 다시 2~3번의 전략부서 경험을 하게 한다. 물론 그곳에서 조직관리 역량을 보여줘야 한다. 탁월한 성과를 창출해야만 한다. 본부장 후보자로 선정되면 내부뿐만 아니라 유명 대학의 최고경영자 과정 등 외부 네트워크를 회사 주도로 쌓아 준다. 본부장 후보자 과정은 전략 중심의 의사결정 과정으로 외부 교수와 내부 부사장 이상이 진행하는 토론 중심의 과정이다. 매주 토요일 10주에 걸쳐 5명을 대상으로 실시한다. 이 과정을 통과해야만 본부장이 될 수가 있다. 본부장 중에서 CEO 후보자 과정이 있다. 2~3명을 대상으로 그룹 회장단 및 각 회사의 CEO가 직접 운영하며 도전과제 중심으로 이루어지도록 설계하였다.

김 상무는 조기에 핵심인재를 선발하여 운영하는 폐단에 대해서도 잘 알고 있다. 그러나 회사는 친목단체가 아니라는 확고한 생각으로 냉정하게 대상자를 선발하여 강하게 이끌어 간다. 물론 선발된 인력이 전부 경영자가 되는 것은 아니다. 처음 선발되지 않았다고 영원히 선발되지 않는 제도도 아니다. 팀장후보자부터는 매년 IN/OUT을 실시하여 대상자가 중간에 교체된다. 김 상무는 이 제도를 운영하면서 향후 경영자가 될 사람은 3개의 관문을 통과하는 사람이어야 한다고 강조한다. 첫째, 금전의 관문으로 회사 돈을 자기 돈보다 귀하게 사용하되, 사용의 출처가 분명하고, 사심을 버리고 이를 분명하게 보고하는 사람이 되어야 통과할 수 있다고 한다. 둘째, 승진탈락의 관문으로 역량과 성과가 매우 뛰어난 사람을 승진에서 탈락시켜 지방 한직으로 보냈을 때, 그가 불평하고 자포자기하지 않고, 그곳을 변혁시키고 성과를 내는가를 지켜보며 승진이 아닌 회사와 자신에 대해 얼마나 자부심을 가지고 있는가를 봐야 한다고 한다. 셋째, 오지 발령의 관문이다. 리더로 있을 때, 아무도 가지 않는 오지나 한 번도 간 적 없는 지역으로 발령을 내어 어떻게 성과를 창출하는가를 봐야 한다고 한다.

입사하여 임원이 되고 싶은 사람은 남과 다른 차별적인 마음가짐이나 자세, 경험이나 지식, 뛰어난 성과 등의 차별성이 있어야 한다. 남들과 같다면 결코 임원이 될 수 없다. 마음가짐과 지식 그리고 조직관리를 통해 성과 측면에서, 전사적 관점에서 뛰어나야 한다. 무엇보다 성장하는 가운데 주변의 평판이 좋아야 한다. 상사나 동료, 후배와의 관계에서 인정받아야 한다. 회사가 이런 인재를 조기에 발견하여 체계적이고 지속적으로 이끌어 준다면 금상첨화이다.

리더의 말 한마디

· 책임지는 말 한마디 ·

11월 조직개편을 논의하던 중, 본부장이 갑자기 호출한다. 본부장실로 가니 그는 이렇게 말한다. 2년 전 본인이 영업본부장으로 근무하던 중 시작된 회사의 부정이 발단이 되어 회사에 큰 손실을 끼쳤다고 한다. 조직도에서 자신의 이름을 지우라고 한다. 2년 전의 일이었고, 새 영업본부장이 처리했어야 할 일이었다. 하지만 이것은 아니라고 말했다. 본부장은 경영자의 책임은 무한이라며 자신이 책임지는 것이 맞다고 했다. 그러면서 CEO에게 사직서를 제출했다. 워낙 강경했기 때문에 더 이상 붙잡지 못하고 회사는 상임 고문으로 모시며 관리자와 임원의 코칭을 담당하게 했다. 이 일로 인해 회사의 리더가 자신의 의사결정에 책임을 지는 문화가 정착되었다.

리더가 존경스러울 때가 있는가? 그를 닮고 싶을 때는 언제인가? 리더의 생각이 담긴 말 한마디가 옳을 때, 리더가 자신이 한 의사결정과 언행에 책임을 질 때. 바로 이럴 때 리더를 닮고 싶다는 생각이 들 것이다. 생각하지 못한 방향을 제시하거나 틀을 뛰어넘는 생각을 제시했을 때, 존경심이 절로 생긴다.

• 리더가 해서는 안 되는 말은 무엇인가? •

존경받는 리더만 있는 것이 아니다. 리더가 리더답지 못한 경우도 있다. 어떻게 정 대리보다 못한 정 상무라고 할까? 기회만 된다면 회사를 떠나고 싶게 만드는 리더도 있다. 오죽하면 회사를 보고 들어왔다가 상사를 보고 떠난다고 할까? 직원들이 기피하는 리더의 유형은 다음과 같다.

① 직원들 사이를 어슬렁거리며 실없는 농담이나 하는 유형
② 논리에 맞지 않는 장황한 주장을 펴는 유형
③ 자신의 의견을 반대한다는 이유로 상대방에게 화를 내고 속 좁은 행동을 하는 유형
④ 상황을 고려하지 않고 자신의 말만 하는 유형
⑤ 앞뒤가 다른 이야기를 하는 유형
⑥ 해야 할 일과 그렇지 않은 일을 구분하지 못하는 유형

⑦ 책임지는 말을 해야 하는데 변명만 늘어놓는 유형

⑧ 칭찬과 질책을 구별하지 못하는 유형

⑨ 보이지 않는 곳에서 회사와 사람을 비난하거나 불평하는 유형

⑩ 구성원들을 서로 비교하며 갈등을 유발하는 유형

⑪ 방향과 전략을 제시해주지도 않은 채 막연히 일만 하라는 유형

이런 유형의 리더들과 함께한다면 조직의 구성원은 결국 하나둘씩 떠나고 말 것이다. 떠날 수 없는 구성원은 벙어리 냉가슴 앓듯 괴로울 것이다.

• 리더의 말 한마디에는 무게가 실려 있어야 한다 •

리더의 말에는 무게가 있어야 한다. 듣는 사람들의 가슴속에 영향을 주어야 한다. 짧게 이야기하되, 정확한 메시지를 담고 있어야 한다. 진정성이 있고 울림이 있어야 한다. 불필요한 말을 하여 듣는 이가 오해를 하거나, 자신도 모르게 말의 상처를 받게 해서는 곤란하다.

리더는 말을 통해 상대방에게 상처를 주는 사람이 아닌 감동을 주고 존경을 받는 사람이어야 한다. 말 한마디에 품격이 있도록 신중하고 또 신중해야 한다.

봐주는 것이 전부가 아니다

⬤ 조직에 문제를 야기하는 사람 ⬤

[상황 1] A과장은 성격이 까칠하기로 소문이 자자하다. 자신
과 관계없는 일에도 옳고 그름을 가리곤 한다. 상대방의 말이나
문서에 잘못 하나만 발견되어도 지적하고 비난하는 수준이다.
직원이 회의참석에 준비가 덜 되어 있거나, 주제와 무관한 이야
기를 할 경우엔 해당 직원에게 바쁜 사람 불러 놓고 이게 뭐냐며
화를 내고 나가 버린다. 남이 잘못한 것은 참지 못하면서, 자신
이 잘못한 일은 끝까지 자기 책임이 아니라고 변명하거나 무시
해 버린다. 공동의 일이라거나 조금이라도 손해 보는 일은 하려
고 하지 않는다. 모두가 A과장과 부딪치기를 꺼린다. 조직장은
A과장이 무슨 일을 하더라도 방관하는 수준이다. 지난해 그는 A

과장에 대한 평가로 B등급을 줬다. A과장은 자신의 점수에 항변했다. 회사에 이의를 제기했을 뿐만 아니라 정부기관에 차별 받았다고 투서를 하는 바람에 곤욕을 치르게 되었다.

[상황 2] 생산라인의 B계장은 입사 25년이 넘은 라인의 고참이다. 평소에는 말이 없고 내성적인 성격이다. 하지만 술만 마시면 과격해지고 주변 사람들을 때리며 물건을 던지는 버릇이 있다. 생산직은 교대근무로 운영되며 근무가 끝나면 다른 조가 근무를 하게 된다. B계장은 근무를 마치고 밖에서 술을 마신 후 공장에 다시 들어와 일하는 직원들에게 화를 냈다. 말리기라도 하면 사람을 때리곤 했다. 팀에서는 B계장이 근무 후 회사에 들어오지 못하도록 조치하고 쉬쉬했다. 하지만 개선되지 않았다. 다른 직원들도 싫은 기색이 역력하지만, 회사에서는 B계장을 막아주려고 여념이 없다.

[상황 3] 비정규직의 정규직화가 추진되어, 20년 넘게 운전직으로 있던 C과장은 운전직이 전부 아웃소싱 되면서 사무 정규직으로 전환되어 총무업무를 수행하게 되었다. C과장은 PC조작 능력이 없고, 기안을 작성해 본 적이 없었다. 팀의 여사원이 문서를 작성해 주는 것도 한계가 있었다. 외부 교육을 보내고, 자체 교육도 실시하였으나 개선되지 않았다. 성실하고 성격이 좋은 점은 타의 모범이 되지만, 직무에 대한 수행 능력이 너무 떨

어지기 때문에 갈수록 팀에 부담이 되었다.

[상황 4] D상무는 성격이 자기중심적이며 비윤리적이다. 게다가 전문성이 매우 떨어져 회사 업무에 지장을 주고 임원 내부에 매우 심각한 갈등을 일으키고 있다. 방향이나 전략을 제시하는 일은 거의 없고, 툭하면 소리를 지른다. 이렇게 소리를 지르면 직원들이 긴장하고 성과를 낼 것이라는 사고를 갖고 있는 듯했다. CEO 앞에서는 마치 자신이 없으면 회사가 망하는 것처럼 열정적으로 일하고 있다고 연신 자랑한다. D상무가 해임되지 않는 이유는 오너와 특별한 관계이기 때문이라는 소문이 있을 정도다. 그럼에도 D상무에 대한 그 어떠한 조치도 없다. D상무는 여전히 큰 소리로 화를 내며 일을 똑바로 하라고 한다.

조직에 문제를 야기하는 사람에 대해
• 어떻게 조치할 것인가? •

봐준다고 해서 모든 문제가 해결되는 것은 아니다. 봐준다고 해서 문제가 있는 사람을 개선시킬 수도 없다. 오히려 한두 번 봐주는 것이 관행이 된다면 먼 훗날 봐주지 않는 것에 대해 불만을 토로하며 더 큰 문제를 야기할 수도 있다.

처음으로 지각한 직원을 엄하게 꾸짖는 것이 중요하다. 지각하는 일이 남들을 걱정시키게 하고, 피해가 될 수 있다는 사실을 설명하여 다시는 지각하지 않도록 하는 것이 중요하다. 한 번 지각했는데 별다른 문제없이 지나간다면 다음에 또 지각할 수도 있다. 처음이 어렵지 두세 번 반복하는 것은 쉽다. 아니라고 생각한다면 하지 말도록 해야 한다. 이처럼 조직에 문제를 야기하는 사람에게도 유형이 있다.

첫째, 성과도 없고 가치관도 잘못되어 있는 사람. 이런 유형은 봐줄 수가 없다. 그런 사람은 빨리 직장을 옮겨 자신에게 맞는 새로운 곳에서 새로운 일을 하도록 하는 것이 낫다.

둘째, 성과는 뛰어나지만 가치관이 잘못되어 있는 사람이 있다. 가치관은 바꾸기 어렵다. 하지만 직원일 경우에는 리더의 원칙적인 행동이 직원의 태도 변화를 이끌어 가치관의 변화를 가져올 수 있다. 하지만 직원이 아닌 리더가 그릇된 가치관을 갖고 있다면 회사에 미치는 부정적인 효과는 매우 클 것이다.

셋째, 성과는 떨어지지만 가치관은 좋은 사람이다. 이 사람은 두 가지 측면에서 고려해야 한다. 가치관이 좋을 경우엔 잘만 가르친다면 성과가 오를 가능성이 있다. 그러므로 성과를 창출할 수 있는 방안을 함께 모색하면 된다. 하지만 가치관은 좋으나 가르칠 수 있는 한계를 넘었을 때가 있다. 이때는 잘할 수 있는 업무를 찾아 부여하거나 냉정한 판단을 내려야 한다.

회사의 가치관과 맞지 않는 언행을 하는 리더는 회사에 득보다는 실이 될 가능성이 높다. 조직에 문제를 야기하지 않도록 하는 것이 가장 바람직하다. 임직원이 기본과 원칙을 지키는 것이 당연하다고 생각하도록 해야 한다. 문제가 발생한 후에 조치하기란 쉽지 않다. 사전에 문제가 발생하지 않도록 만들기 위해서는 두 가지 사항이 필요하다.

첫째, 가장 중요한 일은 전 임직원이 기본과 원칙을 지키도록 하는 것이다. 안전을 핵심가치로 하는 듀폰은 회의를 시작할 때 가장 먼저 비상구부터 설명하고 시작한다고 한다. 안전하지 않은 행동은 하지 않는다고 한다. A회사는 전 직원이 법인카드를 갖고 있다. 이 회사에는 보이지 않는 원칙이 있다. 사적 용무로 법인카드를 쓰지 않는다는 점이다. 이것은 모두가 당연하다고 여기는 원칙이다. 원칙을 지키지 않는 직원은 다른 직원들에게 외면당한다.

둘째, 조직에 문제를 야기하는 사람에게는 기회를 주어 개선하도록 해야 한다. 개선이 보이지 않는다면 용단을 내려야 한다. 함께 근무하던 사람을 떠나보내는 것은 누구에게도 힘든 일이다. 잘될 것이라는 막연한 기대로 내버려 두면 조직과 구성원들이 전염된다. 전염되지 않더라도 엄청난 고통을 감수해야 한다.

셋째, 현장 리더가 강해야 한다. 현장의 이슈는 현장에서 완결하도록 문화를 가져가야 한다. 현장의 이슈가 회사의 이슈가 되도록 해서는 곤란하다. 현장 리더의 역량 수준이 높을 때에야 가능하다.

• 누구나 자신의 스타일로 이끌고 싶어 한다 •

김 본부장이 인재개발원장으로 발령받은 것은 2년 전이다. 당시 인재개발원은 누구나 가기 싫어하는 한직이었다. 개발원은 강이 내려다보이는 한적한 산속에 위치해 있었다. 시설 담당자를 제외하면 교육담당직원이 5명뿐이었다. 이들 중 2명은 정년퇴직을 앞둔 고참 부장이었다. 2명은 나이 많은 과장, 1명은 입사한 지 1년도 채 되지 않은 신입사원이었다.

김 본부장이 인재개발원장으로 발령이 나자, 사람들은 그가 뭔가 일을 잘못해 좌천당했다고 수군거렸다. 사실 이번 인사는 김 본부장이 CEO에게 간청하여 이루어졌다. 사람을 경쟁력으로 삼고 인재육성의 산실이 되어야 할 인재개발원이 하는 일 없이 그저 좋은 풍광을 배경으로 강의 장소와 숙소를 제공하는 여관업으로 전락했기 때문이다. CEO는 한사코 반대했지만, 그룹의 인재육성의 틀을 굳건히 하겠다는 김 본부장의 뜻을 꺾지 못해 결국 허락했다.

김 본부장은 5명의 직원들과 개별 면담을 했다. 이 중에 3명은 현업으로 복귀시키고 현업에서 기획업무를 담당하는 과장급 3명을 영입했다. 중장기 비전과 전략을 수립하고, 인재개발원을 독립적으로 운영할 수 있도록 선발형 교육을 준비하여 실시하였다. 해외 현지채용인 중 리더급 인재를 불러 그룹의 핵심가치와 리더십 교육을 추진하였다. 그룹의 핵심직무전문가 제도를 마련하고 가장 높은 수준의 핵심직무전문가들에게 사내강사 양성 과정을 실시하여 지식을 공유하도록 하였다. 인재개발원 직원은 기획역량과 진단과 컨설팅을 수행할 수 있도록 했다. 관계사 조직과 그룹의 계층별 중요 대상을 진단하여 우수 조직과 대상 자는 적극적으로 발굴, 홍보와 발탁승진을 하도록 하고, 부진한 조직과 대상자는 컨설팅과 코칭을 실시하였다. 2년이 되지 않아 인재개발원의 위상은 높아졌고, 5명이었던 교육담당은 15명으로 증가되어 그룹 인재 육성의 중요한 역할을 수행하게 되었다.

김 본부장이 3년 차를 맞이하여 글로벌 인재육성의 토대를 세우려 할 때, 그룹의 정기 인사가 있었다. 김 본부장은 여러 성과에도 불구하고 퇴직하게 되었다. 인재개발원장으로 새로 부임한 이 전무는 글로벌 인재육성은 아직 시기상조라며 인재개발원이 지금까지 추진했던 내부 인재의 경쟁력 강화 활동보다는 인재개발원의 독립채산제를 강조하며 외부 수익사업을 추진하였다. 내부 인재육성은 기본이고, 외부 수익사업을 중요 성과지표로 선정하였다. 인재개발원은 외부 홍보와 교육 유치에 심혈을 기울이게 되었고, 점차 내부 인재를 대상으로 하는 과정은 하나 둘 사라지게 되었다. 2년 동안 추진한 선발형 리더와 직무 전문가 육성은 1년이 되지 않아 대부분 실시하지 않게 되었고, 해외 우수인재 교육과정은 새 인재개발원장이 부임하자 폐지되었다.

리더로서 질책하는 방법

• 연상의 직원이 잘못했을 때 •

김 부장은 A팀의 최고참 직원이다. 팀장보다 4년 입사 선배인 데다가 나이 또한 김 부장이 더 많다. 평소 김 부장은 온순한 편이었다. 하지만 전날 약주만 마시면 지각을 하는 데다가 업무 실수가 잦았다. 팀장은 몇 번을 가볍게 주의를 줬지만, 선배이고 나이도 많아 부담스럽기만 했다. 어느 날은 팀의 중요행사가 있어 모두 7시까지 출근하여 전체 리허설을 하기로 했다. 김 부장은 이 행사의 전체 사회를 보며 행사 준비 전반을 점검하는 역할이었다. 전날 행사 준비가 잘 마무리되어 고생한 후배직원들과 함께 가볍게 한잔한 것이 문제가 되었다. 7시 반까지 김 부장이 행사장에 오지 않았다. 연락을 취했으나 통화가 되지 않았다. 결국 이 과장이 사회 문안을 보며 연습을 했고, 이 과장이 담당하기로 한 일은 최 대리가 수행하였다. CEO와 경영진은 사회자가 바뀐 사정을 듣고 이런 중요한 행사에 직원이 전날 음주를 하도록 방치했다고 팀장을 질책하였다. 다행스럽게 팀원들이 이리저리 열심히 해서 행사는 잘 마무리되었다.

연상의 직원이 잘못했을 때 어떻게 질책하는가?

일반 직원처럼 잘못한 부분에 대해 분명하게 제시하고, 다시는 이런 일이 없도록 원하는 수준과 방법을 설명해 줄 수 있다. 하지만, 연상의 직원에게 잘못한 것을 지적하기도, 원하는 수준과 방법을 알려주는 것도 편하지 않다. 연상의 직원이 자신의 오른팔이 되어, 후배들에게 팀장과 함께 팀의 목표와 성과를 내도록 독려하고 함께 솔선수범한다면 이보다 좋은 경우는 없다. 연상의 직원에게는 예의를 갖추어 역할을 주고 모범이 되어 달라고 부탁해야 한다. 일과 관계에 있어 자존심이 상하는 일이 없도록 해야 한다. 연상의 직원이 잘못했을 때에는 후배들의 모범이 되어 주셔야 하는데, 이렇게 하면 매우 곤란하다는 사실을 이야기하고 스스로 반성하고 모범을 보이도록 세심한 배려를 해야 한다. 연장자의 경험을 배워 팀을 하나로 결속시키도록 도와달라고 해야 한다. 최고 경영자는 연상의 직원을 둔 리더가 잡음 없이 한 모습이 되어 조직을 이끄는 모습을 보며 그의 역량을 평가한다.

• 계약직 직원을 질책하는 방법 •

홍길동 사원은 1년 계약직으로 팀의 복사와 물품 정리, 직원들의 심부름 처리 등 단순 사무 보조 업무를 수행하고 있다. 김 과장이 홍길동 사원에게 서류를 건네며 1시간 반 거리에 있는 A회사 김 상무에게 전달을 부탁했다. 중요한 서류라고 했다. 홍길동 사원이 출발한 후, 김 과장은 김 상무에게 직원이 문서를 가지고 출발했다고 연락을 취했다. 2시간이 지나 김 상무로부터 서류가 아직 도착하지 않았다는 연락이 왔다. 김 과장은 홍길동 사원에게 연락을 취했으나 통화가 되지 않았다. 10분 후 홍길동 사원과 연락이 되었는데, 식사를 하고 지금 가고 있다고 했다. 김 과장은 화가 나서 "너가 이런 식으로 일을 하니 계약직에서 벗어나지 못한다."며 다그쳤다. 빨리 전달하고 와서 보자는 식으로 심한 말을 했다. 홍길동 사원은 김 과장에게 회사를 그만두겠다고 통보하며 연락을 끊었다.

계약직 사원에게 "계약직이기 때문에 ~한다"는 등의 정규직과 비교하는 말은 금물이다. 계약직 직원들은 그런 부분에 있어서 더 민감하다. 계약직이라는 이유로 자유롭게 퇴직을 할 수 있기 때문에 자칫 기분이 상하면 극단적인 행동을 취하게 된다. 말 한마디, 행동 하나로 이들이 일을 그만두게 된다면, 당장 그 일을 해야 할 사람을 찾기도 어렵고, 회사 이미지에도 좋지 않은 영향을 미칠 것이다.

계약직 직원이 하는 일은 단순하다. 때문에 잘못했을 경우에 그 피해가 그리 크지 않은 경우가 많다. 대부분 그냥 넘어가는 경우도 있지만, 일반 직원과 같이 질책하는 것이 옳다. 다만 "그만두면 되잖아요?" 등과 같이 불손한 언행을 하더라도 화를 내지 말고, "다음에 홍길동 씨가 잘하는 모습 기대하겠습니다."와 같이 부드럽게 질책하는 것이 좋다.

• 동료의 잘못을 들었을 때 •

인사팀 권 팀장은 A팀 김 팀장과 입사동기이며 같은 건물에서 근무하고 있다. 김 팀장은 평소에 적극적이고 매사가 분명하지만 과격하고 욱하는 성격이다. 김 팀장은 동기들 중에 가장 먼저 팀장이 되었다. 최근 리더에 대한 리더십 진단을 하던 중, 김 팀장의 상사인 본부장이 권 팀장에게 넌지시 말한다. "김 팀장은 일의 열정과 성과는 높으나, 팀원들의 역량을 고려하지 않고 무리하게 일을 추진해 힘들어하며 불만이 많다."라고 말이다. 이는 김 팀장에 대한 지적이다. 하지만 권 팀장은 그와 동기 사이이기 때문에 피드백을 해주기가 더 쉽지 않다.

친한 지인의 잘못된 행동을 들거나 보았을 때 지적을 해주기가 쉽지 않다. 갑자기 주변 소식이 좋지 않다는 말을 꺼내면 갈등이 생기거나 대화가 건설적인 방향으로 진행되지 않는다. 이런 경우에는 간접적으로 이야기하는 것이 좋지 않을까? "최근 실적관리로 힘들지? 팀원들이 힘들어하는 모습을 보이는데 김

팀장은 견딜 만한가?" 등과 같이 걱정하고 있다는 느낌을 주면
어떨까?

잘못한 여직원과의 면담 시,
• 우는 경우 어떻게 할 것인가? •

직장생활을 하면서 이성과의 관계는 각별히 유념해야 한다.
하지만, 이성이라고 일방적으로 봐주거나 차별적으로 대하면
곤란하다. 섬세하고 내성적인 김 대리는 실수해서는 안 되는 회
계처리에 계산이 틀리거나 영수증을 한두 개 빼고 월 정산을 하
는 등 실수가 잦은 편이다. 김 팀장은 직접 수정하거나 영수증
이 빠진 것을 알려주었다. 그럼에도 실수는 사라지지 않았다.
하루는 김 팀장이 같은 실수를 한 김 대리를 회의실로 불러 "왜
이렇게 같은 실수를 반복하느냐?"고 한마디 했다. 그러자 김 대
리가 고개를 숙이며 눈물을 흘린다. 김 팀장은 당황하여 "김 대
리, 왜 울어. 내가 심하게 말했다면 미안해." 하며 달랬지만 울
음을 그치지 않았다. 김 팀장은 조용히 자리를 피해 주었다. 실
수는 지속되었다. 한 번 더 지적하자 또 눈물을 흘린다. 김 팀장
은 김 대리의 울음에 지적을 하지 못하고 틀린 것만 체크해 주
는 상황이 되었다. 당신이 김 팀장이라면 어떻게 하겠는가?

사실 직장에서는 남녀의 구분보다는 일의 담당자로 똑같이 대
해줘야 한다. 하지만 여성은 남성과 다르다는 사실을 리더는 알

고 있어야 한다. 여성에겐 보다 섬세하고 온화하게 대해주는 것이 좋다. 하지만 잘못된 것에 대해서는 분명히 할 필요가 있다. 자신의 잘못에 대해 우는 것은 직장인으로서 좋지 않은 행동이다. 자리를 피할 사람은 리더가 아닌 여직원이 되어야 한다. 이런 행동을 하는 것이 옳지 않다는 것을 분명히 하고 감정을 추스르고 다시 회의실로 들어오라고 해야 한다. 잘못을 울음으로 피해가는 것이 습관화되면 장기적으로 조직과 여사원에게도 도움이 되지 않는다. 윽박지르거나 거친 행동보다는 함께 노력해 성과를 내자는 이야기를 하며 어떤 어려움이 있느냐고 물어야 한다. 그런 식으로 대책을 세워가는 것이 좋다. 리더가 말을 많이 하기보다는 여직원이 자신의 생각을 듣고 잘할 수 있을 것이라고 격려해 주는 것이 바람직하다.

· 신입사원의 잘못에 대한 질책 ·

홍길동 사원은 입사 1개월 차인 신입사원이다. 목소리가 활기차고, 일에 대한 의욕도 넘친다. 물론 종종 실수를 하기도 한다. 아직 회사 제품의 종류와 구성 비율을 알지 못하기 때문에 A제품을 가져오라고 하면 B제품을 가져오거나, A제품의 구성 비율을 알려줘도 제대로 혼합하지 못해 팀 선배들이 힘들어하는 경우가 종종 있다. 그의 멘토인 김 대리가 300여 종의 제품과 제품별 구성 비율이 적힌 책자를 주며 1달 안에 숙지하라고 했지만 갈 길이 멀다. 급하게 C제품 샘플을 가져오라고 하니 다른 제품을 가져왔다. 신입사원의 잦은 잘못에 어떻게 해야 하는가?

일에 서툰 신입사원을 가르치지 않고 무조건 혼내는 것은 잘못이다. 업무의 과정을 충분히 인지하게 한 후 해보게 해야 한다. 실수가 없도록 해야 한다. 만일 실수를 할 경우엔 지적을 하는 것이 당연하다. 하지만 알지도 못하는 신입사원에게 해 보고 모르면 질문하고 처리하라고 하면 당황해한다. 이런 실수에 대한 잦은 질책은 신입사원들을 기죽게 하거나 소심하게 만든다. 그 결과, 일을 함에 있어 매우 소극적인 사람이 되거나 심한 경우엔 회사를 떠나게 된다.

신입사원과의 관계는 신입사원들이 제 몫을 할 수 있게끔 자세하게 알려 주는 것이 가장 기본이다. 이 바탕 위에 하는 것을 지켜보며, 신입사원들이 자신의 행동을 돌아보게 단계별로 피드백을 해주는 것이 옳다. 신입사원을 질책할 때는 성장하기를 바라는 마음을 담아 얘기하는 것이 좋다. 훈계를 듣는 신입사원으로 하여금 상대방의 진정성이 느껴지도록 해야 한다.

• 윗사람의 잘못에 대한 조언 •

상사가 항상 옳을 수는 없다. 상사도 사람인지라 잘못 판단하거나 실수할 때가 있다. 상사의 잘못된 지시에 부하 된 입장에서 상사에게 "말도 안 되는 소리 하지 마세요. 그렇게 하면 큰 손실이 있다는 것을 정말 모르세요?" 하는 책망하는 식으로 말하면 곤란하다. 상사의 잘못에 대해서 어떻게 하겠는가?

상사와의 관계는 그 무엇보다 중요하다. 상사로 하여금 함께 하기 힘든 사람이라는 인식이 박히면 조직생활은 힘들 수밖에 없다. 상사가 잘못했을 때, 아랫사람 입장에서 할 수 있는 방법은 크게 3가지를 고려할 수 있다. 첫째, 말로 이야기하되, 실행하기에 힘든 부분이 있다는 사실을 충분히 전달해야 한다. 지원 또는 재고를 요청하는 것이다. 둘째, 말로 되지 않을 때, 그 피해가 명백할 경우에는 문서로 보고하는 것도 한 방법이다. 말과 글은 그 파급효과가 다르다. 글에는 감정이 적다. 글로 쓰면 자신의 감정을 절제하고 배제하며 전달할 수 있다. 셋째, 해당 업무 담당자의 의견을 전달하는 것도 한 방법이다. 가장 중요한 것은 지시한 상사의 마음을 읽어야 한다는 점이다. 상사 역시 자신의 판단이 잘못되었다는 사실을 알고 있을 것이다. 하지만 자존심과 같은 이유로 차마 자신의 잘못을 시인하지 못하고 있을 수도 있다. 그런 가능성까지 고려해야 한다. 그러니 상사가 자존심을 다치지 않으면서 자연스레 타협을 도모할 수 있는 방안을 고민해야 한다.

• 좋아하지 않는 직원이 잘못했을 때 •

평소 감정적으로 꺼려지거나 관계가 좋지 않은 직원이 잘못하는 경우가 있다. 이런 경우엔 무조건 질책하기 전에 반드시 고려해야 할 점이 있다. 상대가 '내가 잘못한 것은 알지만, 평소 나를 싫어해서 이렇게 심하게 질책한다.'는 식의 생각이 들게 해서는 곤란하다. '관계의 좋고 나쁨을 떠나 내가 잘못한 것에 대해 적절한 지적이었다. 괜찮은 사람이다.'라는 생각이 들도록 질책해야 한다.

팀장과 김 차장은 서로 앙숙일 정도로 사이가 좋지 않았다. 김 차장은 팀에서 가장 오랜 기간을 근무하면서 대부분의 제도와 일하는 방식의 틀을 만들었고, 팀원들의 사수로서 후배들이 각 직무에서 제대로 일을 하도록 이끈 선배이기도 하다. 그는 평소 매우 적극적이고 해야 할 일이 있으면 물불을 가리지 않고 끝내야 하는 성미를 가진 사람이었다. 성취의욕이 높고 도전적이라 다른 팀과의 갈등이 항상 있었고, 남에게 굽히는 성격이 아니다 보니 갈등의 골이 해결되지 않았다. 반면 팀장은 내성적이며 화합을 강조하였다. 일을 하며 가능한 한 갈등이나 다툼 없이 차분하게 추진되길 희망하였고, 자신이 조금 피해를 보더라도 상호 협조하고 타 부서와의 다툼은 생각하지도 못하는 성향이었다. 김 차장의 타 부서와의 갈등은 팀장과의 갈등으로 심화되었다. 이러한 김 차장이 중요한 프로젝트를 수행하던 중에 심한 말다툼과 갈등으로 A부서에서 동참할 수 없다는 연락을 받았다. 김 차장은 '너희 없으면 못할 줄 아냐'는 식으로 큰 화를 냈다. 프로젝트 참석자는 A부서의 참여가 없으면 프로젝트는 실패로 끝날 가능성이 높다고 판단했다. 팀장의 입장에서 김 차장을 어떻게 질책해야 하는가?

중요한 프로젝트가 실패하면, 김 차장뿐만 아니라 팀 전체에도 영향을 준다. 한 사람의 잘못은 전체에도 영향을 주기 마련이다. 조직은 하나이며 한 사람의 잘못은 곧 조직의 잘못이다. 팀워크가 강한 조직이 성과도 높고, 사내 평판도 좋다. 이를 잘 이끌어야 할 사람이 리더이다. 내가 싫다고 노골적으로 표현해서는 안 되며, 싫어하는 사람에게 피해를 줘서도 안 된다. 물론 살아온 환경이 다르기 때문에 서로 안 맞을 수는 있다. 하지만 그것으로 인해 팀워크와 성과 창출에 지장을 주어서는 안 된다. 조직은 공동의 목표를 달성해야 하는 구성원들의 집합체이다. 때문에 '성향은 싫어도 그의 강점을 활용하여 목표를 달성하며 하나 되도록 이끄는 것'이 보다 중요하다.

김 차장도 A부서의 협조가 필요하다는 사실을 알고 있다. 자신이 화를 참지 못해 심한 언행을 한 것에 대해 마음 한쪽에서는 늘 후회하고 있던 김 차장이었다. 팀장에게 있어서 개인의 좋고 싫음보다 더 중요한 것은 일이다. 팀장이 김 차장에게 "어떻게 하면 좋겠는가? 무엇을 도와주면 되겠는가?" 등을 묻고 김 차장이 일을 끝낼 수 있도록 지원하는 것이 필요하다. 김 차장이 고집을 피우며 자신이 독자적으로 하겠다고 할 경우에도 상대방의 감정에 휘말려선 안 된다. 그럴 때일수록 감정을 절제하며 차분한 어조로 응해야 한다. 감정에 휩쓸리지 말고 일을 더 효과적이고 성과를 높게 마무리할 수 있는 방안을 찾는 것이 옳다는 사실을 강조해야 한다. 자신의 감정에 못 이길 경우엔 자칫 일을 그르칠 수 있다.

• 동료를 비난하는 직원을 질책할 때 •

홍 팀장은 A팀에 배치되어 팀원과 전체 인사를 하고 개별 면담을 하기 전에 당황스러운 상황에 봉착했다. 팀의 김 대리가 갑자기 회의실에서 잠시 미팅을 하자고 하더니, 팀원 한 명 한 명의 단점과 지난 잘못을 이야기해준다. 누구는 누구와 친하고, 누구와는 관계가 좋지 않다고 말한다. 자신이 이렇게 이야기해주는 이유는 팀원들의 관계를 잘 알고 있어야 팀 관리에 큰 도움이 되기 때문이란다. 이런 상황에서 팀장이라면 어떻게 하겠는가?

직장생활을 하면 누구나 한두 번의 뒷담화를 경험하게 된다. 누군가 자신이 하지 않은 일이거나, 했어도 자신만이 간직하고 싶은 일에 대해 말하고 다닌다면 당연히 기분이 좋을 리 없다. 홍 팀장의 생각은 이렇다. 뒷담화를 하고 다니는 사람도 잘못이지만, 이에 못지않게 들은 내용을 전달하는 사람도 잘못이라는 생각을 하고 있다. 홍 팀장이 신입사원이었던 시절, 주변 사람들 중 누군가가 자신의 멘토를 비난했다. 홍 팀장은 그 말을 듣고 멘토에게 전달했다. 그러자 멘토가 "나를 위해 말을 해준 것은 고맙지만, 그 말을 듣고 내가 무슨 생각을 하겠니? 남이 누군가를 흉본 일을 곧바로 전달하는 사람 역시 가해자와 크게 다르지 않다. 너는 그 얘길 듣고 내게 와 전할 게 아니라, 그 자리에서 '우리 멘토는 절대 그런 사람이 아니고, 그런 이야기는 멘토에게 직접 하세요'라고 말했어야 한다."라는 지적을 받았다. 그 당시에는 그 말을 듣고 서운했지만 얼마 가지 않아 멘토가 매우 현명했음을 깨달았다.

휴식시간, 회식, 미팅 중 잡담을 하면서 회사와 상사, 선배와 어느 특정인에 대해 안 좋은 이야기를 나눌 수 있다. 가장 좋은 것은 '언제 어디서나 누구에게도 회사, 함께하는 사람, 회사의 제품과 서비스, 자신이 하고 있는 일에 대해 절대 나쁜 말을 하지 않는 것'이다. 하지만, 이런 말을 들었을 때, 자신이 아니기 때문에 웃고 즐기기보다는 회피하거나 화제를 바꾸는 노력이 필요하다. 가장 해서는 안 되는 일은 들은 이야기를 전달하는 것이다. 어느 날, 자신이 그 화제의 대상이 된다면 얼마나 기분이 나쁘겠는가?

홍 팀장은 김 대리와의 미팅을 "나를 배려해 주는 마음은 고맙다. 하지만 한 사람, 한 사람의 장단점을 생활해 가면서 천천히 파악하도록 하겠다, 나는 상대의 단점보다는 장점을 보며 함께하기를 원한다. 누가 김 대리에 대해 좋지 않은 말을 하면 어떻게 하겠는가? 김 대리가 다른 팀원과 함께 우리의 바람직한 모습과 높은 목표를 달성하기 위해 하나가 되길 바란다." 등등

의 말로 마무리했다. 이로써 김 대리와의 당황스러운 첫 만남을
매듭지었다.

• 자기 일만 하겠다는 직원과의 관계 유지방법 •

A과장은 자신의 일 이외에는 그 어떠한 노력도 하지 않는다.
팀 회식, 주말 회사 봉사활동 등 단체활동에 절대 참석하지 않
는다. 사무실 이전을 할 때도 자신의 짐만 가지고 이동했다. 팀
공동 물품에 대해서는 나 몰라라 하는 식이었다. 팀의 커피자판
기에서 커피 한 잔 마시지 않았다. 물통의 물을 안 마신다는 이
유로 청소 분담에서 자신을 제외시켜 달라고 하기도 한다. 자기
일만 하겠다는 A과장을 어떻게 하겠는가?

리더의 입장에서 자기 일만 하겠다는 직원이 있으면 매우 힘
들다. 담당하고 있지 않은 일을 수명하게 되면, 그 누군가에게
지시를 내려야 하는데, 이런 생각을 갖고 있는 직원이 한 명만
있어도 바로 전염되기 때문이다. 일을 청하기가 꺼려지는 직원
이 있으면 그 직원을 자꾸만 피하게 된다. 하는 수 없이 다른 팀
원들이 일을 수행하게 된다. 하지만 그들도 얼마 가지 않아 어째
서 자신만 이 일을 해야 하냐며 다른 직원과 비교하거나 거절하
고 만다. 한 마리의 미꾸라지가 연못을 엉망으로 만드는 격이다.

회사는 자신의 소유지가 아니다. 내 자리라고 말은 하지만, 사
실은 회사 자리다. 내 책상이라고 하지만 회사 책상이다. 내 일

만 고집하는 업무 담당자에게 다른 일을 시키거나 공동 업무를 배정하면 그 일이 자신의 일이 된다. 함께하는 마음이 더 중요하다. 함께하지 못하고 자기 것만 주장하는 사람이 있다면 협력의 중요성을 강조해야 한다. 회사에서 혼자만 노력해서 높은 성과를 창출하는 일이란 없다. 중요한 일일수록 많은 사람과의 협력 하에 이루어진다. 회사에서 직책이 올라갈수록 협업이 더욱 중요시된다. 그래서 직책이 높은 사람의 일은 의사결정과 관계력이다. 올바른 의사결정을 제때에 하고, 이것을 할 수 있는 사람들에게 공정하게 분장하는 일이 무엇보다 중요하다. 내 일만 잘하면 된다는 사람은 좁은 틀에서 결코 벗어날 수 없음을 인지시켜야 한다. 타인을 돕고 타인이 잘되도록 희생한 사람은 조직이나 개인이 어려움에 처할 때, 가장 먼저 도움을 받게 된다.

회의에 참여하는 태도가 나쁘고,
• 업무에 집중하지 않는 직원을 어떻게 할 것인가? •

A과장은 집중력이 낮은 편이다. 회사 사람들도 이미 다 아는 사실이다. 회의에 참석하면 졸거나 스마트폰을 보는 상황이 반복된다. 그리고 기본이 되어 있지 않다. 본부장이 A과장을 불러 업무를 지시했는데, A과장이 받아 적을 종이와 필기구를 가져오지 않았다. 그 모습을 본 본부장은 당황하고 말았다. 이러한 일화는 이미 전 직원이 다 아는 사실이다. 하루는 A과장이 참석

한 회의에 팀장이 함께 참석하였다. 나름 중요한 프로젝트였고, 팀에서는 한 파트를 담당하여 이번 회의 결과에 따라 일의 시기와 경중이 결정되는 중요한 미팅이었다. A과장은 팀의 실무 담당자로 참석하여 전체적인 일정을 결정해야만 했다. 프로젝트 리더의 설명이 끝나고, 각 파트의 담당자가 여러 실무 질문을 하고 있을 때, A과장의 졸고 있는 모습을 바라본 팀장은 답답해졌다. 그는 잠시 휴식시간을 요청하고 A과장을 불렀다. 만일 당신이 팀장이라면 A과장에게 무어라고 하겠는가?

사람이 피곤하면 졸 수 있다. 졸음은 생리적인 현상이다. 졸음은 쫓으려고 한다고 해서 쉽사리 쫓을 수 있는 것이 아니다. 나의 의지와는 별개의 문제다. 하지만, 졸음을 극복할 수는 있다. 정말 중요한 일정을 앞두고 있다면 그에 대비해 졸음이 오지 않는 상태를 만들어야 한다. 혹시 피곤하더라도 졸음이 오지 않도록 정신적 무장이 되어 있어야 한다. 중요한 미팅에 졸고 있다는 것은 무엇을 의미하는가. 그것은 그 미팅이 자신에게 중요하지 않거나 혹은 미팅에 임할 준비가 안 되어 있다는 것을 증명할 뿐이다.

팀장은 A과장을 불러 회의 시간에 결정된 사항과 팀에서 해야 할 일에 대해 물었다. A과장은 머뭇거렸다. 결국 제대로 답변하지 못했다. 팀장은 이번 일이 우리 팀의 잘못으로 실패했을 때의 결과에 대해 물었다. A과장은 자신이 집중하지 못했다는 사실을 시인하고, 사과했다. 추후엔 이런 일이 없도록 주의하겠다고 한다. 팀장은 결정된 부분과 해야 할 일을 간략하게 설명하고 집중해 줄 것을 요구했다. 행위에 대한 지적은 당연하다. 더 중요한 것은 해야 할 일과 그에 따른 성취이다. 행동에 대한 잘못 지적이 일을 하지 않게 하거나, 성과를 낮게 가져가게 하면 더 큰 잘못이다. 자신의 잘못을 인지하고 집중하도록 만드는 것이 좋은 관계를 맺게 하는 리더로서의 할 일이다.

상사가 가장 좋아하는 직원은?

• 상사는 어떤 직원을 가장 좋아할까? •

전 직장에 근무했을 때의 일이다.

회사의 임원들 중의 80% 이상이 모두 SKY출신이었다. 그중에서 유일하게 고졸 출신의 본부장이 있었다. 그는 매우 성실했고, 업무에 있어서는 철두철미한 성격의 소유자였다. 또한 사람을 믿고 편하게 대해주기로 유명하다. 하루는 이 본부장에게 합의 받을 사항이 있어 일을 마치고 찾아간 적이 있다. 잠시 차 한잔을 하면서 이런저런 이야기를 나누었다. 직장 생활을 하면서 힘들었던 순간, 기뻤던 순간, 경계해야 할 사항, 본부장이 되기까지 어떤 철학과 마음가짐을 가졌으며, 어떻게 실천을 해 왔느냐 등에 대해 묻고 들었다. 그는 35년의 직장생활이 이렇게 빨리 지나갈 줄은 몰랐다고 했다. 직장생활을 하면서 겪었던 과장 승진, 팀장과 임원의 자리를 거쳐 마침내 본부장이 되기까지의 과정을 얘기해주었다. 나는 그의 이야기를 1시간 넘게 경청하였다. 직장생활을 하는 동안 그의 이름 앞엔 항상 '최초'라는 수식어가 붙었다고 한다. 나는 그에게 어떤 직원을 좋아하느냐고 물었다.

조직은 결국 성과라는 공동의 목표를 추구하고 있다. 그러다 보니, 많은 사람들이 상사가 좋아하는 직원은 '성과가 높은 사람'이라고 말한다. 이 외에도 다음과 같은 답변들이 예상된다. 매사에 긍정적이고 성실하고 말 잘 듣는 직원, 높고 어려운 수준의 과제에 도전하고 열정적인 직원, 항상 최선을 다하는 직원. 하지만 본부장은 자신에게 찾아와 상담을 요청하며 자신에게 잘해주는 직원을 가장 좋아한다고 한다. 자신이 힘들어하는 것을 정확히 알고, 업무 스타일에 맞게끔 보고서와 일을 추진하며 특별한 일이 없어도 자주 와서 차 한잔하면서 이런 저런 이야기를 나누는 직원. 해야 할 일이나 자신이 미처 생각하지 못한 일에 대해 가볍게 툭툭 이야기해 주는 직원이 가장 좋다고 한다.

최근 신임팀장과 신임임원을 대상으로 역할과 마음가짐 및 조기에 해야 할 일에 대한 강의를 자주 한다. 신임팀장과 임원들은 자신이 높은 성과를 냈고, 그에 걸맞는 수준의 경험과 스킬을 보유하고 있기 때문에 신임팀장과 임원이 되었다고 생각한다. 승진한 후, 이들은 자신의 경험과 지식을 바탕으로 조직과 구성원을 이끌면 성과가 창출될 것이라고 생각한다. 팀원이었을 때에는 팀장과 수시로 상의하며 일을 추진했는데, 팀장이 되어서는 상사를 찾아가기보다는 자신이 잘했던 일의 프로세스와 성공 경험을 중심으로 팀을 이끈다. 팀장 자리에서 임원이 된 사람은 회사 전체를 바라보며 타 본부와의 관계를 고려하여 폭넓은 의사결정을 해야 한다. 하지만 대부분의 임원들이 자신이 팀장시절에 팀을 이끌던 경험을 중심으로 생각한다. 그러다보니 좁은 의사결정과 실행을 하는 경우가 부지기수다. 이들의 공통점은 자신의 성공 경험을 중시하는 탓에 업무 보고 이외의 상사와의 관계 정립 및 소통에 매우 미흡하다는 점이다. 물론 상사와의 정례 미팅이나 회식, 기타 업무로 부르면 다른 일이 있더라도 참석하고 중요시한다. 하지만 상사의 꿈과 목표, 애로사항, 업무 스타일, 성격의 장단점을 알며 자주 찾아가 예의를 갖추며 조언하는 경우는 그리 많지 않다. 내리사랑이라고 했던가? 많은 상사들이 자신이 담당하는 조직의 아랫사람과 대부분의 시간을 보낸다.

상사 입장에서 보면 어느 날 중요한 위치에 오를 직원을 택해야만 하는 순간이 온다. 자신의 뒤를 이을 후계자를 추천하거나, CEO로부터 중요한 과제를 부여 받았을 때 신뢰할 수 있는 직원을 택해야 하는 순간 말이다. 팔은 안으로 굽는다고 한다.

그런 순간이 오면 평소에 자신에게 잘해준 직원이 먼저 생각나는 것은 당연지사 아닌가?

• 관계의 차이는 어디에서 오는가? •

A과장이 있었다. 그는 아침에 출근하면 반드시 찾아와 인사하며 하이파이브를 하는 사람이었다. 매일 같은 행동을 반복하기 때문에 일을 하고 있을 때에는 PC를 보며 왼손을 내주기도한다. 9시 반만 되면 찾아와 그날의 할 일에 대해 간략하게 말하며 부탁할 사항이 있으면 약간은 애교를 부리며 사정을 한다. 11시 50분이면 점심 약속이 있냐고 물어온다. 별다른 약속이 없다고 답하면 함께 가자고 한다. A과장은 오후 3시쯤 되면 간식 내기 이벤트를 하거나 뭔가 재미있는 이야기를 가지고 온다. 퇴근 시간이 되어서는 퇴근 안 하냐고 물어온다. 자신은 8시까지 근무한다고 한다. 이런 A과장이 있는가 하면 근 1달 넘게 사무실에서 본 적이 없는 B과장이 있다. 궁금해서 B과장 사무실에 찾아가 보면 그 순간엔 꼭 자리에 없다. 아무리 기다려도 오지 않는다. 어느 날, B과장이 50페이지가 넘는 보고서를 갖고들어올 때도 있다. 밤 새워 작성한 보고서라며 그는 내게 결재를 부탁한다. B과장이 밤을 새워 작성한 보고서이기 때문에 뛰어날 거라 여겨 질문을 한다. "B과장, 이 보고서를 통해 얻고자하는 것이 무엇인가요?", "이 보고서가 하자는 대로 하면 회사

에 무슨 성과가 있나요?" 이렇게 물어도 그는 묵묵부답이다. 이러니 B과장의 보고서를 볼 이유가 있겠는가?

A과장은 매일 들어와 자신의 일과에 대해 말했고, 월요일은 금주 할 일에 대해 말한다. 금요일 아침에는 자신이 잘한 일을 두고 자랑까지 한다. A과장이 한 일을 다 알기에 얻고자 하는 것이 무엇이며, 어떤 성과가 있을 것인가에 대해 묻지 않는다. 굳이 보고서를 보지 않아도 A과장이 지금 어느 단계, 어느 수준으로 일을 추진하고 있는지 그림으로 그려진다. 이것이 바로 관계의 차이로 상대에 대한 관심과 공감, 행동의 실천이 원동력이다.

· 관계 정립과 소통의 원칙들 ·

상사와의 관계 정립과 소통을 위해 4가지를 강조하고 싶다.

첫째, 정례적 미팅에 만전을 기하는 것은 기본 중의 기본이다. 주간 실적 및 계획 미팅과 같은 정례회의에 단순히 주간 보고서만 가져가서는 곤란하다. 주간 직무 동향과 특이점, 팀원들에 관한 내용이 포함되고, 주간 가장 중요한 업무 이슈에 대해서는 한 페이지 정도의 보고서가 포함되도록 하는 것이 바람직하다.

둘째, 상사와의 커뮤니케이션 수단을 만들고 지속적으로 추진해야 한다. A그룹의 K전무는 사원 때부터 정년퇴직하는 그 순간까지 34년간 직속상사에게 매일 자신이 한 일과 시사점을 정리하여 보고했다고 한다. 직속상사가 해외 출장 또는 휴가를 간 경우, 연락이 되지 않는 곳에 있어도 항상 메일이나 자료를 남겼다고 한다. 단 하루도 빠지지 않는 직원의 일일 보고는 아무리 바빠도 보게 되어 있다. 상사의 업무 스타일에 따라 K전무처럼 메일 또는 자료로 서면 보고하는 방법도 나쁘지 않다.

셋째, 상사의 목표, 애로사항, 성격의 장단점, 업무 스타일을 알고 선행 조치하는 것이다. 일이 심각하게 되어 수습이 곤란한 상황에서 보고하는 것은 무책임한 처사이다. 앞단에서 해결해야만 한다. 항상 선행보고를 통해 열린 소통을 하고 있다는 믿음을 줘야만 한다.

넷째, 상사는 매우 외롭다. 특히 CEO자리는 모든 의사결정의 정점이기 때문에 책임감이 크다. 그만큼 고민도 많고 외로운법이다. 업무 내외적으로 수시로 찾아가 상담도 하며 소소한 이야기를 나눠보자. 적어도 직속 상사와 한 달에 한 번 이상은 식사를 함께하는 것이 바람직하다. 자신에게 상담을 요청하는 직원이 더 사랑스러운 법이다. 하물며 직원이 자신의 힘든 사정을 알고 함께 시간을 내어 준다면 얼마나 고맙겠는가?

회사와 개인은 계약관계라고 한다. 하지만 회사 내의 개인과 개인의 관계, 상사와 부하의 관계는 계약관계가 아니다. 정의 관계이며 신뢰관계이다. 어떤 관계로 정립되어 있는가에 따라 업무성과는 크게 달라질 수밖에 없다. 내 마음 속에 간직된 상사와 동료 그리고 부하도 중요하지만, 더 중요한 것은 그들의 마음속에 간직되어 있는 나의 이미지다. 나의 인생에 영향을 준 사람들 중에 현재 나의 상사가 포함되어 있는가. 상사가 나의 롤모델이라면 어떨까. 그가 아무리 어려운 일을 시키더라도 감사할 것이다. 나를 믿고 이런 도전과제를 준 것이니 말이다. 상사가 제시한 일이라면 자신을 희생해 가며 그 일을 완수하여 성과를 낼 것이다. 나를 위한 일이 아닌 내가 존경하는 상사의 일이기에 더욱 최선을 다할 것이다. 이러한 상사와의 소통은 열린 소통이 될 수밖에 없다. 상사가 무섭고 두려운 존재라 상사만 보면 기가 죽어 제대로 말도 꺼내지 못한다면 무슨 성과가 있겠는가?

• 선배의 마음 •

김 대리는 과장이 되길 바라고 있었다. 그랬던 그는 여러 프로젝트에 참석했고 나름대로의 성과를 냈다. 김 대리는 자신의 선배인 홍 팀장에게 내년 초에 과장으로 승진시켜 달라고 요청했다. 하지만 홍 팀장에겐 그럴 만한 힘이 없었다. 또한 김 대리가 과장이 될 만한 성과를 이룬 것도 아니었다. 홍 팀장은 김 대리에게 말했다. "김 대리, 나는 김 대리를 과장 자리에 오르도록 할 힘은 없어. 하지만 대신 주위 사람들에게는 그렇게 말할게. 과장 자리에 김 대리를 추천했지만, 김 대리는 아직 자신이 많이 부족하다고 말하더라고 말할게." 김 대리는 그 순간 매우 실망했지만, 아무 말을 하지 않았다. 얼마 가지 않아 김 대리는 사람들로부터 겸손한 인상으로 남게 되었다. 또한 인사부서에서도 이런 김 대리를 높이 평가하게 되었다.

선배로서 후배의 일을 대신해서 직접적인 도움을 줄 수도 있다. 하지만 본인이 하기 어려운 일을 후배가 요청했다고 해주겠다고 무책임하게 말해 기대에 부풀게 해서는 곤란하다. 또한, 못 한다고 냉정하게 외면하는 것 역시 바람직하지 않다. 모든 선배는 후배가 잘되기를 바랄 것이다. 그렇기 때문에 지원과 격려도 필요하지만, 후배가 성장하도록 조언하고 질책하는 것도 중요하다. 선배는 후배가 올바른 길을 걷도록 하는 길잡이이며 움직이게 하는 방아쇠이다.

· 실력자의 여유 ·

퇴직을 하고 시간적 여유가 많이 생겨 동네 탁구장에 간다. 저녁 시간대 탁구장엔 젊은이들이 많다. 그들은 학생 시절에 탁구 선수를 했던 젊은이들이다. 이들에겐 몇 가지 특징이 있다.

첫째, 자신보다 하수인 사람이 함께 치자고 하면 10~20분 이내에 응해준다.

둘째, 복식은 거의 하지 않고 단식을 즐긴다.

셋째, 시합을 하면 항상 상대의 실력에 따라 점수를 접어주되 최선을 다한다.

넷째, 연령이 70대 이상 되는 분과는 시합을 하지 않지만, 시합을 해도 이기려 하지 않는다.

다섯째, 시합이나 연습 상대에게 절대 훈수하거나 가르치지 않는다.

여섯째, 이들이 심판을 보면 하수들은 그 어떠한 결정에도 따른다.

개인뿐만 아니라 직장, 나아가서는 국가도 마찬가지 아닐까? 실력이 있어야 여유가 있다. 동네 탁구장엔 안 가면 된다. 또 다른 취미를 가질 수 있다. 하지만 회사와 국가는 실력이 없으면 망한다. 조직과 개인의 실력이 있을 때 당당해진다. 가진 것도 없고 실력도 없는 회사와 국가가 국제무대에서 어떻게 당당할 수 있겠는가? 관계도 마찬가지이다. 관계 관리의 실력이 있어야 한다.

역할이 다르면
하는 일도 달라야 한다

• 왜 팀장을 시켰는가? •

김 부장은 항상 8시 이전에 출근하고 가장 늦게 퇴근하는 직원 중의 한 명이었다. 주어진 업무에서 많은 성과를 냈기 때문에 금번 인사에서 팀장으로 승진하였다. 함께 근무했던 직원들은 김 부장의 승진을 축하해 주었다. 하지만 김 부장이 팀장이 되고 나서 3개월이 채 지나지 않아 모두가 힘들어했다. 김 팀장의 역량이 부장이었던 시절과 별반 다를 바 없었기 때문이다.

회사는 매년 리더를 대상으로 다면 평가 형식의 리더십 진단을 실시한다. 상사와 본인 진단은 중상 수준이었으나, 5명의 부하 진단에서 김 팀장은 최하 수준이었다. 회사는 김 팀장에게 피드백을 주었다. 팀원들의 역할이 다를 경우 팀원들마다 개별적으로 면담하라는 지시를 내렸던 것이다. 하지만 김 팀장은 회사의 지시대로 하지 않고 자신이 팀장이었던 시절의 관리방법만을 고수했다. 그러니 그의 팀원들이 힘들어했던 것이다. 회사가 팀원에서 팀장을 선임한 이유는 팀원들의 성과를 잘 이끌어낼 사람이 필요했기 때문이다.

• 역할이 다르면 하는 일도 달라야 한다 •

생산팀에서 근무하던 김 차장은 노력하는 직원이었다. 그는 시간이 날 때마다 정리정돈과 개선활동을 함으로써 생산성을 올리는 노력을 해 왔다. 생산 현장에서 김 차장은 매우 뛰어난 존재였다. 회사는 잠재역량이 있는 우수인재를 조기에 발탁하여 관리자로 육성한다는 생각 아래 직군별로 전략적 직무순환을 실시하였다. 12년 동안 생산팀에서 근무해 온 김 차장은 재무팀에 배치되었다. 주어진 목표량에 따라 안전하게 생산을 하던 기존의 직무와는 달리, 재무부서는 현금흐름, 외환 동향, 세법 등 외부 환경에 민감해야 할 뿐 아니라 담당자의 직무에 대한 전문성과 직관이 무엇보다 중요한 부서였다. 김 차장은 재무적 지식을 쌓기 위해 동료들에게 매일 3시간 이상의 특별 직무교육을 받았고, 재무 관련 서적 10여 권을 구입하여 밑줄을 그어가며 읽었다. 읽으면서 이해되지 않는 내용은 팀원과 팀장에게 물어 가며 직무를 배웠다. 입사 후 채 3개월이 되지 않아 김 차장은 독자적인 직무 수행이 가능해졌다. 새로운 시각에서 기존의 업무에 대한 프로세스 개선에 여러 의견을 낼 수 있는 단계가 되었다. 업무의 성격이 확연히 다르기 때문에 김 차장은 새로운 업무에 대한 기본 지식과 큰 골격 중심의 프로세스에 집중하여 일의 본질에 접근했다. 그 결과, 재무팀에서도 인정받을 수 있었다. 만약 김 차장이 생산팀에서의 지식과 경험, 일의 스타일을 고집했다면 재무팀에서는 업무가 부여되지 않고 잠시 있다가 갈 사람 정도로 취급했을 것이다.

팀원은 주어진 과제에 대해 자료를 수집하고 분석하여 대안을 만들고 최종안에 대해 의견을 올리는 역할을 수행한다. 팀원에게 있어 중요한 역량은 자료수집과 분석, 문제해결능력, 기획능력이다. 그러나 팀장은 팀에 부여된 역할, 목표, 성장에 대한 책임을 져야 한다. 주어진 목표를 수행하는 사람이 아닌 방향과 전략을 수립하여 목표를 정하는 사람이다. 지금까지 주어진 일을 잘했다면, 팀장으로서 사업을 고려하여 해당 조직의 방향과 일을 정하고 이를 잘 이끌어야 한다. 팀원의 연장선상에서 팀장이 되어 일을 수행한다면, 제 역할을 하는 팀장이 아닌 한 명의 고임금을 주는 팀원에 불과하다.

왜 탈락하는가?

능력이 있고 열심히 일하는 직원이 승진 심사에서 탈락하거나 퇴직하는 이유가 무엇일까? 화학 회사에 근무하는 김 과장에게 S대 화학공학과 4학년을 대상으로 하는 강의 요청이 왔다. 김 과장은 강의주제를 정하고 강의안을 만들어 며칠을 준비했다. 그는 S대에 가서 강의를 잘했다는 평을 받았다. 회사 입장에서 김 과장은 몇 점일까? 같은 상황에서 이 과장은 강의 중에 회사의 비전과 성장성을 학생에게 강조해 이미지를 제고했고, 강의 후 유능해 보이는 학생 5명을 별도로 만나 입사를 권했다. 그 학생들 중에 3명이 입사했다. 이 과장은 몇 점일까?

A팀에서 15년 동안 근무했고, 외부 네트워크와 일처리가 뛰

어나다는 평을 받고 있는 김 부장이 팀장 승진 심사에서 탈락했다. 결국 이 차장이 팀장으로 승진하였다. 그는 근무한 지 2년도 채 안 되는 사람이었다. 팀장 선발 면담에서 김 부장은 말했다. "저는 직무를 다 알고 있고 대인관계가 좋습니다. 성공할 수 있는 방향으로 팀원을 이끄는 일에 탁월합니다."라고 말이다. 반면 이 차장은 "저는 상사의 의도를 바르게 파악하고, 팀원들과 함께 일을 수행함으로써 상사와 조직의 목표달성을 돕도록 하겠습니다."라고 대답했다. 새로운 직책엔 새로운 역할이 필요하다. 결정하는 사람 입장에서는 리더십도 중요하지만 팔로워십이 더 중요하다.

· 유능한 상사 ·

직장생활 10년을 넘게 한 사람이라면 마음속에 존경하는 상사 또는 선배가 한두 명쯤 있기 마련이다. 존경하는 상사나 선배가 있다면 일과 인간관계에 있어 남다를 것이다. 존경받는 상사와 선배는 항상 깨어 있는 사람이다. 깨어 있는 상사와 선배는 사업과 연계하여 사고할 줄을 안다. 회사가 앞으로 나아갈 방향과 전략에 정통하다. 무엇보다 회사의 현 재무 상태에 밝다. 높은 목표를 설정하고 악착같은 실행으로 지속적 성과를 창출한다. 사업과 관련하여 회사와 조직이 업계 선두주자가 되도록 변화를 인식하고 선제적 조치를 통해 혁신을 이끌어 간다. 제품에 대한 해박한 지식을 바탕으로 지역 차별적 전략과 함께 신규 시장을 창출해 성과를 이어간다. 그들은 전문성을 바탕으로 틈새시장을 찾고, 신제품에 대한 앞선 투자를 결정한다. 혼자 할 수 없는 일이기에 조직과 구성원의 역량을 키워 탁월하게 한다. 또한 그들은 자신과 함께하는 직원이 어떤 일을 잘하는가를 명확히 알고 있다. 현재 하는 일과 할 일에 더해 더 잘하게 할 방법을 제시하며 이끌게 하고, 조직과 구성원이 무엇을 배워야 하는지 스스로 실천하게 한다. 직원의 꿈, 전략과 중점과제, 일하는 방식, 애로사항 그리고 성과를 내는 방법을 알고 있으며 직원들과 충분한 시간을 함께 소통하며 그들의 생각을 읽고 지원한다. 이들이 가장 잘하는 것은 마음 관리이다. 한 사람 한 사람에게 소중한 추억을 심어주는 것이 좋은 상사와 선배의 몫이다.

· 이 부장, 물어보기나 했어? ·

이 부장은 자신이 맡은 일이라면 열과 성을 다한다. 자신이 하는 일이 옳고 중요한 일이라는 생각을 가진 팀원이다. 그는 성실하고 열정적이다. 김 전무는 이 부장을 팀장 후계자라고 생각했다. 그는 이 부장에게 다소 벅차다 싶을 정도의 업무를 부과하였다. 다른 사람도 아닌 이 부장이라면 할 수 있을 것이라 판단하였다. 3개월이 지났다. 하루는 이 부장이 피곤한 모습으로 보고서를 가지고 왔다. 김 전무가 이 부장에게 많이 피곤해 보인다고 말했다. 그러자 이 부장은 1주일 동안 야근을 하면서 완성한 보고서라고 했다. 보고서의 제목은 '조직의 병폐와 활성화 방안'이었다. 3주 전, 김 전무는 이 부장에게 조직 문화를 개선할 목적으로 무엇이 이슈이며, 어떻게 이끌어 갈 것인가에 대해 정리하라는 지시를 내렸다. 김 전무가 이 보고서에서 기대했던 것은 조직의 문제점보다는 조직과 구성원이 성장하고 즐겁게 근무하기 위해 무엇을 해야 하는가에 관한 관점이었다. 문제의 원인 검토가 아닌 앞으로의 방향 제시였다. 하지만 이 부장의 보고서는 김 전무가 지시한 바와는 좀 다른 내용이었다. 이 부장은 구성원들의 불만을 모아 영역별로 정리하고 이를 조직의 병폐라고 표현했다. 조직활성화 방안은 구성원들을 좀 더 자율적으로 일하게 하고, 차별적인 금전 및 비금전적 보상을 줄이고, 대신 공평하게 보상과 복리후생을 확대해 달라는 내용이었다. 월 1회 실시하는 본부 세미나와 회식도 도움이 되지 않는다고 폐지하고, 퇴근 이후의 회식과 워크숍은 실시하지 말자는 구성원 불만 처리 중심의 보고서였다.

김 전무는 이 부장에게 리더의 역할이 무엇이냐고 물었다. 이 부장은 대답이 없었다. 김 전무는 다시 물었다. 리더는 어떠한 마음가짐을 가져야 하느냐고 말이다. 리더란 조직과 구성원의 가치를 강화하고, 조직의 성과관리를 책임지는 사람이라고 김 전무는 답했다. 기업은 지속적으로 성과를 내야 하고, 성과를 내기 위해서는 새로운 가치를 창출해야만 한다. 이 중심에 조직과 사람이 있으므로 이들의 가치를 강화해서 성과를 내게끔 하는 것이 리더라고 말했다. 이 부장은 이렇게 말했다. "저는 전무님께서 주시는 과제를 처리하기에 급급합니다. 전략적으로 생각할 여유가 없고 역량의 한계를 느낍니다."라고 말이다. 그는 타 부서로 전배를 요청한다. 김 전무가 어떤 점이 힘드냐고 물으니 무리한 과제 부여, 여유를 주지 않고 몰아붙이는 행동, 타 부장들은 찾지 않으면서 자신만 믿지 못하는 것처럼 자신이 하는 일에 대해서는 꼼꼼하게 체크한다는 내용이었다.

김 전무는 이 부장을 팀장 후계자로 생각하고 지금까지 도전 과제를 부여해 왔다. 리더십을 발휘할 수 있도록 기회를 주었다. 하지만 이번 보고서에서 김 전무는 이러한 자신의 판단에 어쩌면 오점이 있을 수도 있겠다는 생각을 처음으로 했다. 김 전무는 이 부장에게 말했다. 리더는 결코 혼자 일하는 사람이 아닌 함께 일하는 사람이라고, 자신이 하지 못하는 일이나 상황이 발생하였을 때, 주변의 도움을 받을 줄 아는 사람이라는 사실을 강조했다. 만일 이 부장이 업무 도중 의아한 점이 생겼을 때, 상사에게 찾아와 물어보았다면 지금과 같은 보고서를 제출하지 않았을 것이다.

리더도 미래를 쉽게 예측할 수 없다. 앞으로 어떤 일이 발생하고, 어떤 변화가 일어날 것인지 모른다. 다만, 지금까지의 경험이나 지식, 리더라는 책임감으로 이끌어 갈 뿐이다. 리더도 부족함이 많다. 정상의 자리에 오르면 어느 순간 자신의 강점이나 단점, 해야 할 일이나 하고 있는 일에 대한 냉정한 조언이나 피드백을 받을 기회가 없다는 사실을 깨닫게 된다. 다른 직원들과 공유도 하지 않고 혼자 이끌고 가다 보면, 전사적 관점에서 벗어날 수 없게 된다. 잘못된 의사결정을 할 가능성 역시 높아진다. 잘못된 의사결정을 하기 전에 먼저 앞단에서 막아야 한다. 실행한 일을 중간에 조정하기란 쉽지 않기 때문이다. 쉬는 시간을 이용하여 상사와 차나 커피라도 마시며 소통의 기회를 잡으려는 노력이 필요하다. 가볍게 이런저런 이야기를 하면서 피드백을 받는 것이 중요하다. 상사와 코드를 맞추는 것은 중요한 일이다. 이는 아부가 아니라 리더로서 반드시 해야 할 일이다.

• 전임자의 약속 •

팀원 한 명 한 명과 면담을 하던 중, 김 과장이 자신은 상사를 믿지 않는다고 말한다. 깜짝 놀라 그 사유를 물으니 그의 대답은 이러했다. 회사는 우수 인재에 대한 해외 연수제도를 도입했다. 이를 알게 된 김 과장이 연수제도 신청을 하였으나 무효화되었다고 한다. 이유인즉슨 어떤 사정에서인지 전전 팀장이 1년 후에 자신이 꼭 보내준다는 약속을 하고는 금년은 참아 달라고 사정했다는 것이다. 김 과장은 알겠다고 했단다. 이후 그는 프로젝트를 마무리하고 큰 성과를 냈다. 하지만 김 과장과 약속했던 전전 상사는 다른 부서로 승진을 가고 없을 때였다. 전 상사에게 연수신청을 대신 처리해 달라고 말하자 상사는 자신은 듣지도 못한 소리라며 현 상황에서는 1명을 2년 해외연수를 보낼 여력이 안 된다고 거절했다는 것이다. 이에 실망한 김 과장은 약속을 제대로 지키지 않은 상사에게 분한 마음이 들었다. 상심한 그는 현재 잘리거나 지적받지 않을 정도로 대충 일한다고 한다.

보류된 전임자의 약속을 후임자가 어떻게 해야 할까? 어려움은 있겠지만, 전임자가 정한 원칙과 약속은 가능한 한 지켜야 한다. 처음부터 자신의 철학이나 원칙을 강요하지 말고, 조직과 구성원의 이야기를 듣고 조율해 가는 것이 옳지 않을까? 해줄 수 있는 것은 당장에 하고, 해줄 수 없는 것은 솔직하게 이야기해야 한다. 불가함을 설득해야 한다. 이때 중요한 것은 교훈이 아닌 위로가 되어야 한다. 많은 기대를 했는데 이루어지지 않았다면 실망도 크다. 실망을 넘어 분노와 좌절이 되기도 한다. 상사를 믿었다기보다는 회사를 믿었기에 약속은 지켜질 것이라는 희망을 갖게 된다. 새로운 리더가 전임 리더의 약속을 전임자와 직원들에게 듣고 최대한 지켜줘야 하는 이유이기도 하다.

존경받는 리더가 되는 방법

· 나는 존경받는 리더인가? ·

A회사에 근무할 때이다. 옆 팀장이 다른 부서로 자리를 옮기게 되어 환송회에 초대받았다. 먼저 떠나는 팀장의 당부사에 이어 팀의 고참 부장의 답사가 있었다. "1년만 저희와 더 있으면 안 되겠습니까? 저희에게 목표와 일의 의미를 알려주셨는데 지금 떠나면 우리는 보통 팀원밖에 되지 않습니다. 1년만 더 함께하면 우리는 뛰어난 성과를 낼 수 있습니다. 팀장님은 우리가 포기했던 관리자의 꿈을 갖게 해주셨습니다." 그의 답사에 팀원 한 명 한 명이 눈물을 흘렸다.

자신의 책상 속에 상사의 사진을 넣고, 매일 아침 출근해 가장 먼저 사진을 보며 파이팅을 외치는 직원이 있다. 그에게 상사는 가장 닮고 싶은 롤모델이며 영웅이다. 이러한 마음을 갖고 있는 그들은 상사에게 불평 한마디 없다. 자신에게 일을 준 것에 감사하며, 그 어떠한 상황에도 완수한다. 그것도 상사가 감동받을 수준으로 신속하게 마무리한다. 상사를 존경하는 마음이 있기 때문이다.

많은 상사들을 만나 왔다. 필자 역시 한때는 누군가의 상사이기도 했다. "나는 존경받는 상사였는가?"라는 질문에 자신 있게 "그렇다"라고 말 못 하는 이유는 무엇일까? 조직과 다른 사람들을 이끌어야 하는 리더 중에는 극소수의 존경받는 리더가 있다. 이외의 대부분은 실망스러운 리더다. 존경받는 리더들은 조직과 구성원에게 왜 일을 하는지에 대한 명확한 의미를 부여한다. 이들은 무슨 일을 어떻게 할 것인가를 고민하는 것이 아닌 왜 이 일을 해야 하는가에 집중한다.

8월 무더운 태양 아래 두 사람이 열심히 벽돌을 쌓으며 건물을 짓는다. 한 사람은 빨리 끝내고 친구들과 시원한 맥주 한잔할 생각밖에 없다. 더위에 고생하는 자신의 신세를 불평하며 벽돌을 쌓아 올린다. 다른 한 사람은 자신의 아들이 다닐 유치원이기에 가장 튼튼한 건물로 만들겠다는 생각뿐이다. 누가 더 튼튼하게 쌓았겠는가? 존경받는 리더는 일의 이유를 찾고 직원들에게 의미를 부여하며 성취하는 사람이다. 일의 의미를 모르는 사람은 그제와 어제, 오늘과 내일이 다를 바가 없다. 숙제 하듯이 일을 하면 그 과정에 불만과 지겨움이 가득하다. 이들을 이끄는 리더의 잘못이기도 하다.

• 어떻게 존경받는 리더가 될 것인가? •

1900년대 초 하버드대학 졸업생인 새무엘 랭글리Samuel Langley
는 엄청난 자금 지원을 받고 무인 비행기를 개발하였다. 그러나
최초의 유인 비행기는 1903년 자전거 가게를 하던 라이트 형제
Wright brothers에 의해 개발되었다. 수많은 인권운동가 중에 우리
는 마틴 루터 킹Martin Luther King 목사를 기억한다. 1963년 여름,
그는 "나에게는 꿈이 있습니다"라는 제목의 연설을 펼쳤다. 그
연설을 듣기 위해 25만 명이 한자리에 모였다. 미국 자동차 판
매원인 조 지라드Joe Girard가 판매왕이 된 비결, 달에 사람을 최
초로 착륙하게 한 나사NASA의 생각, 전 세계를 놀라게 하는 중
국 기업 알리바바Alibaba의 CEO, 이들의 공통점은 무엇일까?

이들에게는 '꿈'이라는 공통점이 있다. 이들의 꿈은 자신의 제
품이나 서비스를 파는 것을 뛰어넘어 믿음을 판다. 일을 하는
사람을 선발하여 일하게 하는 것이 아닌 자신의 믿음과 신념을
공유할 수 있도록 주변을 전염시킨다. 이들은 왜 이 일을 하는
가에 대해 강조한다. 이들은 확고한 가치체계를 가지고 있다.
그것은 바로 미션, 비전 그리고 핵심가치이다.

미션은 '왜 존재하는가?' 일의 의미에 대한 생각이다. 비전은
'무엇이 될 것인가?' 미래는 어떤 모습이 될 것인가에 대한 생각

이며, 핵심가치는 '어떻게 일할 것인가?' 어떤 기준이나 원칙을 가지고 우선순위를 정할 것인가의 생각이다.

'신기한 한글 나라'라는 이름으로 유명한 '한솔교육'이라는 영유아 학습지 회사가 있다. 이 회사의 교사들이 회의나 교육, 일하러 가기 전에 항상 외치는 사명이 있다. "우리는 영유아의 무한한 가능성을 도와주고 그들을 행복하게 하는 일을 하고 있다."가 바로 그것이다. 배를 왜 만드는가? 고기를 잡기 위해서? 바다를 통해 여행을 가기 위해서? 바다에 대한 동경이 있다면 배를 만들 때 더욱 가슴이 뛸 것이다. '동물의 왕국'을 보면, 맨 앞의 우두머리를 따라 수백 마리의 동물들이 달리는 모습을 볼 수 있다. 이들은 왜 달리는 것일까? 한 마리가 뛰니까 이유도 모른 채 무작정 뛰는 경우도 있다. 우리가 일을 하면서 과거에 해 왔기 때문에 그냥 하는 경우는 없을까? 일본 자동차 회사인 혼다Honda Motor의 꿈은 오토바이에서 비행기를 만드는 회사였다. 가치관을 정립하여 내재화시키고 실천하도록 하는 리더는 더 높은 꿈과 방향과 목표를 구성원들과의 소통을 통해 수용하게 한다. 변화의 필요성과 방향을 공감하게 한다. 그리고 직원들이 리더인 자신의 생각에 따라 악착같이 실천하게 한다. 나아가 직원 스스로 미션과 비전을 수립하고 이끌게 한다.

A기업은 직원들이 어떻게 하면 보다 행복할 수 있는가를 고민했다. 이 기업의 CEO가 결정한 것은 두 가지였다. 하나는 직원들의 행복은 일에 대한 자부심, 일을 통한 성장, 일을 하는 즐

거움이라고 생각했다. '일을 통한 행복 추구'를 위해 현장 교육을 강조했고 스스로 일을 찾아 성과를 내도록 근무환경을 바꾸고, 전문성이 높은 직원들을 명예의 전당 수상자 또는 명인명장이라는 제도로 자부심을 높여 사내강사와 내부 컨설턴트로서의 역할을 수행하게 하였다.

다른 하나는 각 조직에 그라운드 룰을 정해 조직별로 자신이 속한 조직의 원칙을 정해 실천하게 하였다. 자신이 정한 룰을 지키자 구성원 간에 신뢰와 배려가 쌓이게 되었다.

존경받는 리더는 조직이 나아갈 방향을 제시한다. 또한 일을 통해 얻고자 하는 바를 분명히 한다. 무엇을 어떻게 해야 하는가보다는 왜 이 일을 해야 하는가를 강조해 구성원들의 가슴을 끓게 만든다. 함께할 행동의 원칙을 정해 실천하게 함으로써 각기 다른 조직과 구성원을 한 마음으로 모아 한 방향으로 가게 한다. 그들은 나무를 보지 않고 넓은 숲을 볼 줄 안다. 쓸모없는 넓은 황무지를 보며, 이곳은 버려진 땅이라고 포기하고 돌아서기보다는 먼 훗날 이 땅에 수많은 학교와 공장이 세워질 모습을 상상한다. 놀이공원과 집, 건물들이 세워져 사람들이 그곳을 즐기며 행복하게 사는 모습을 상상한다. 존경하는 리더들은 결코 혼자 일하지 않는다. 함께 공동의 목표를 향해 성취하도록 영향력을 주며 솔선수범한다. 그들에게는 조직과 사람들의 마음을 훔칠 수 있는 역량이 있다. 이들에게는 높은 수준의 가치체계가 있어 과거가 아닌 오늘과 미래를 꿈꾼다.

존경스러운 임원(Do)과
실망스러운 임원(Don't)

· 임원은 고민한다 ·

CEO는 임원들을 바라보며, '왜 나처럼 생각하지 않는가?' 하고 고민한다. 반면 직원들은 임원들이 작은 것부터 거시적인 것까지 다 해결해 주는 롤모델이 되어주길 바란다. 모범적인 사람이길 기대하는 것이다. 팀장에서 임원이 되었을 때, 내가 잘해서 되었다고 생각하여 기존의 성공경험과 역량으로 밀고 나갔다가 얼마 지나지 않아 포기하거나 퇴출되는 임원이 많다. 오죽하면 임원들 중에는 팀장으로 있을 때가 가장 행복했다고 말하는 이도 있다.

임원은 위로는 CEO를 보완하여 사업과 회사의 철학과 방향에 맞추어 비전, 전략, 중점과제를 수행하고, 조직과 구성원의 역량을 강화해 성과를 창출하며 회사가 지속 성장하도록 이끌어야 한다. 이를 위해서는 다음 3가지에 대한 명확한 마음가짐이 있어야 한다.

첫째, 방향 설정이다.

우리가 정말 잘해 왔는가 하고 자문해야 한다. 지금은 사활이 걸린 생존의 상황이다. 단기 실적에 연연하지 말고, 원칙에 입각하여 길고 멀리 보는 경영을 해야 한다. 궁극적으로 임원의 역할은 조직의 성과를 창출하는 것이다. 이를 위해서는 '했다 주의'가 아닌 일의 본질을 이해하고, 무엇을 위해 어느 방향으로 가느냐 등의 궁극적인 목표점을 제시해야 한다. 임원의 가장 중요한 역할 중의 하나는 바로 길고 멀리 보는 전략적 의사결정이다. 방향 설정을 제대로 해주어야 한다.

둘째, 일의 원칙과 관리이다.

성실하고 열심히 일만 하면 되었던 시기가 있었다. 지금은 이는 기본이고 남들과 차별성 있게 창조적인 일을 해야만 한다. 스마트하고 생산적으로 일해야 한다. 이렇게 하려면 직원의 역량이 뒷받침되어야 한다. 업무수행과정이나 결과에 대해 무엇이 문제이고 어떻게 개선하는지 제대로 챙겨줘야 한다. 업무를 통한 직원의 능력개발과 육성, 조직학습에 시간의 70~80%를 써야 한다. 이 일을 하는 것이 옳다고 생각하면 지속적으로 가도록 구체적 로드맵을 세워 실천해 나가야 한다.

셋째, 사람을 존중하고 배려하며 육성해야 한다.

사람은 쉽게 바뀌지 않는다. 바뀔 때까지 지속적으로 노력해야 한다. 올바른 가치관을 바탕으로 역량과 열정을 키워 육성하는 것이 리더이지만, 못 따라오면 버리는 것도 리더이다. 온정을 지니고 있되 냉정하게 판단하여 행동해야 할 때는 무섭게 냉정해야 한다.

• 임원으로서 Do와 Don't •

임원으로서 역할을 수행함에 있어 자신이 갖고 있는 철학과 원칙은 매우 중요하다. 하지만 직장생활은 혼자 하는 일이 아니다. 함께 하나가 되어 성과를 창출해야만 한다. 직원들의 입을 통해 임원이 해야 할 'Do(존경스러운 임원)'와 하지 않아야 할 'Don't(실망스러운 임원)'를 정리해 보았다.

	존경스러운 임원(Do)	실망스러운 임원(Don't)
업무분담과 지시	· 조직구성원이 가야 할 방향을 먼저 제시하며 파이팅 외칠 때 · 저분 밑에서 일하면 내가 성장할 것이라는 비전이 생길 때 · 기존 일의 유지/개선보다는 새로운 일, 성장에 대한 시도에 치중할 때	· 앞으로 무엇으로 먹고 살지 확신을 주지 못하고, 그저 열심히 하라고 할 때 · 장/단기 관점을 모두 강조하지만 실질적으로는 단기관점의 의사결정 때 · 경쟁사보다 먼저 하자는 의견을 당장 사업성이 없다며 무시할 때
전략의 수립과 실천	· 전체 방향과 전략을 귀신처럼 캐치하는 스마트한 모습 · 제일 먼저 우리가 가야 할 방향을 함께 고민해 보자 제안할 때 · 실패 위험에도 불구하고 책임지겠다며 중요한 결정을 내릴 때	· 전략, 방향을 챙기기보다는 세부 숫자만 가지고 계속 일을 다시 시킬 때 · 전략의 중요성을 강조하지만, 정작 방향과 내용의 구체성이 없을 때 · 위에서 한 가지 지시하면 전략과 고민 없이 직원에게 열 가지 일을 시킬 때

	존경스러운 임원(Do)	실망스러운 임원(Don't)
정도경영 (윤리성)	· 바른 일을 하고 있다는 믿음을 줄 만한 윤리적 행동을 할 때 · 술자리에서 함부로 말하지 않고, 강요하지 않는 등 바른 모습 · 믿고 따라도 되겠다 싶은 청렴한 인품	· 양심이나 이치에 맞지 않는 행동을 할 때 · 업무상 일이 아닌 것 같은데 법인카드를 남용할 때 · 사무실, 술자리에서 음담패설 등 매너가 좋지 않은 모습
의사소통	· 윗사람의 의중을 제대로 파악하고, 올바른 의견을 개진하는 모습 · 옳다고 생각한 바를 상사/부하에게 투명하게 이야기하고, 의견을 구함 · 타 기관/본부와 원만한 교류 및 부서 간 이견을 원활히 풀고 일을 추진 · 구성원들이 어려워하는 부분에 인간적인 소통 및 편한 대화의 기회를 줌 · 한 번 결재한 내용에 대해서는 내 책임이라고 함	· 올바른 진행 방향을 찾기보다 위의 의중에 맞춰 논리를 만듦 · 소신에 따라 설득하기보다는 위에서 시키는 대로 결정을 내림 · 이리 해라, 저리 해라 지시만 하고, 담당자 생각은 경청 안 함 · 다른 사람의 의견을 경청하지 않고, 잘못된 점만 지적 · 자신의 경험/전문성만 옳다고 믿고, 정해진 결론만 고집
부하육성	· 함께 일하고 나면 넓은 시야 등 많은 것을 배웠다고 느끼게 함 · 담당자의 고생을 이해하고 배려하려 노력해 줌 · 누가 뭘 잘할까? 구성원 개개인을 포용하고 지원해 줌 · 실수를 감싸주며, 뭘 배웠냐고 물어보며 이해해 줌 · 신뢰가 바탕이 된 칭찬/격려 속에 핵심을 찌르는 업무적 가르침이 있음	· 일에 대한 실수를 가지고 성격이나 자질까지 언급할 때 · 팀원의 개성을 이해 못 하고, 모난 돌이라며 정으로 쫄 때 · 팀워크, 갈등해소, 동기부여 등을 오로지 회식(술)으로 해결하려 할 때 · 역량개발을 강조하지만 정작 일은 일하면서만 배우는 것이라 하고, 외부 세미나/교육 참석은 회사 예산 낭비라 생각, 네트워크 가치 무시(타 회사 사례 자료는 항상 인터넷 검색으로만 해결할 때)

• 존경할 수 없는 상사의 10가지 행동 •

한 사람과 온종일 함께 근무한다는 것은 결코 쉬운 일이 아니다. 경영자가 될 사람이 혼자 열심히 해서는 절대 경영자가 될 수 없다. 직원 때에는 일을 능숙하게 잘해 팀장을 시켰더니, 팀원에게 시키지 못하고 그 많은 일을 혼자 다 하는 경우가 있다. 이런 사례를 두고 '피터의 법칙'이라고 한다. 만일 그런 상황이 펼쳐진다면 팀원들은 그를 두고 뭐라고 생각할까? 팀장이 저 일들을 다 하니 정말 죄송하다고, 우리가 새로운 일을 만들어 팀의 성과를 올리도록 노력해야 한다고 생각하지는 않을 것이다. 문제가 생기면 자신들은 모르는 일이고, 전부 팀장이 독단적으로 추진하다가 생긴 일이라고 변명할 것이다. 관리자 때는 비교적 적은 인원을 데리고 성과를 내던 팀장이 경영자가 되면 구성원으로부터 비난을 받고 성과가 바닥을 치고 최고경영자를 심각한 고민에 빠트리는 경우가 생긴다. 이들과 인터뷰를 하면 대부분 "지금까지 임원이 어떤 역할을 하고, 어떤 마음가짐과 조직 관리를 하고 과업을 수행해 성과를 내는지 배운 적이 없다. 있다면 눈 너머로 상사가 하는 일을 지켜봤을 뿐이다."라고 말한다. 상황이 이러니 직원으로부터 존경받는 팀장이나 임원이 적다. 직원들에게 퇴사욕구를 일으키는 상사의 유형을 물었다. 그랬더니 다음과 같은 대답들이 나왔다.

① 윗사람에게는 아부하면서 직원에게는 강요하는 상사
② 부하 직원에게 방향이나 전략 또는 배경 설명 없이 무조건 하라고 내던지는 상사

③ 반말과 거친 행동, 편견 등 직원의 인격을 무시하는 상사

④ 공과 사를 구분하지 못하는 상사

⑤ 직원의 말을 들으려 하지 않고 일방적인 지시만 하는 상사

⑥ 세상이 바뀌었는데, "옛날에는 ～"만 강조하는 변화에 둔감한 상사

⑦ 술만 마시면 언행이 변하는 등 자기관리를 못하는 상사

⑧ "고졸 출신이 뭘 알아"같이 학력으로 직원을 차별하는 상사

⑨ 한 달에 책 한 권 읽지 않는 자기계발에 게으른 상사

⑩ 앞 뒤 이야기가 다르고 주관이 없는 상사

직원들이 바라는 팀장이나 경영자의 모습은 앞의 10가지 사례와 정반대의 언행을 하는 사람일 것이다. 그들은 진정성을 바탕으로 직원들을 먼저 생각하며 함께 목표를 달성해 나가는 상사, 자신이 속한 조직과 함께 일하는 사람들의 가치를 올려 성과를 내고 지속성장하게 하는 상사를 원할 것이다. 상사가 가져가야 할 올바른 가치관이 무엇이냐고 강연에서 한 CEO에게 물었다. 이분은 잠시의 망설임도 없이 "고객을 제일로 생각하라, 조직과 구성원을 키우는 문화를 구축하라, 사람을 소중히 하는 경영을 해라, 끊임없이 개선하라."고 목소리 높여 말한다. 이런 상사와 함께 근무하는 것은 자랑스러울 것이다. 일에 대한 자부심이 높고, 내가 성장하고 있다는 생각이 들게 할 것이다. 무엇보다도 이런 상사를 곁에 두고 있다면 회사에 출근하는 것이 재미있을 것이다.

좋은
피드백이란?

• "전 5년 동안 단 한 번도 면담을 한 적이 없어요" •

평가 개선을 위해 직원 인터뷰를 실시할 때이다. 오랜 역사를 갖고 있는 제조회사인 이 회사는 평가제도는 있지만 직원들이 자신의 평가 결과를 알지 못했다. 평가 결과를 본인에게도 공개하지 않기 때문이다. 여러 이유가 있겠지만, 평가 결과가 조직의 내적 갈등을 유발하고, 기대보다 낮은 평가를 받으면 사기저하가 되는 것이 그 이유라고 한다. 이 회사의 리더는 '평가 따로, 보상 따로, 승진 따로'의 인사를 하고 있었다. 팀에서 성과가 가장 높은 A대리가 있다. A대리가 이룬 업무성과 수준은 팀 최고였다. 만일 B과장이 차장 승진 대상이라면, A대리의 평가는 어떻게 될 것인가? 하는 의문이 들었다.

팀장은 A대리에게 팀에서 가장 높은 보상을 하며, "A대리가 열심히 해서 팀이 좋은 성과를 냈다. 고맙고 수고했다. 이번 성과급은 A대리가 우리 팀에서 가장 높다. 내년에도 잘 부탁한다." 하고 평가는 보통 등급으로 부여한다. 반면, B과장에게는 "B과장, 내년에 차장 승진 대상이잖아? 이번에 평가는 최고 등급을 부여했다. 내년에 꼭 차장이 될 수 있도록 열심히 해라."라고 한다. 하지만, 보상은 보통 수준으로 지급한다. 평가 결과를 공개하지 않으니까 리더 입맛에 맞는 인사운영을 한다. 제대로 된 피드백을 받지 못하고 그때 그때 상황에 따라 결과가 달라진다. 구성원이 요령만 배우고 본질과 깊이 있는 성찰과 업무를 이끌어 내지 못한다. 조직 분위기가 이렇다 보니, 현장에서 입사 5년 차인 대리가 "저는 지금까지 직장 생활을 하면서 단 한 번도 면담을 한 적이 없습니다. 제가 일을 잘하고 있는지, 하고 있는 일이나 장래 경로를 이렇게 가져가도 되는 것인지 혼란스럽습니다." 하고 하소연한다.

· 왜 피드백이며 어떻게 할 것인가? ·

지적 역량과 성취동기가 높고 주도적인 직원의 경우에는 스스로 회사 비전, 전략과 연계하여 높은 목표를 설정한다. 또한 구체적인 계획을 세우며 체계적으로 일을 추진해 간다. 이들은 현명하기 때문에 일의 방향과 해야 할 과제를 정확하게 선정한다.

성취지향적이기 때문에 일하는 방식을 알고 자신의 프레임에 따라 일들을 계획하고 추진한다. 그러나 대부분의 직장인들은 방향과 과제를 제시해 줘야 한다. 그렇지 않으면 이들은 어느 방향으로 일을 해야 하는지 혼란스러워 한다. 방향과 과제를 제시하지 않으면 먼저 하려고 들지 않는다. 해야 한다는 사실은 알고 있지만 할 수 없기 때문에 포기한다. 잘못해서 실패하거나 꾸중 듣는 것을 피한다.

피드백이란 것은 초등학교 운동장의 100미터 달리기와 유사하다. 10명의 학생들을 일자로 세워 앞을 보게 하고 출발 신호를 주면, 학생들은 있는 힘을 다해 앞으로 뛰어간다. 만약 10명의 학생들에게 방향과 방법을 알려주지 않고 100미터를 뛰라고 하면 어떤 상황이 될까? 회사의 일은 목적지가 보이지 않는다. 함께 뛰는 사람이 있어도 뛰는 목적, 방향, 방법이 모두 다르다. A는 앞을 보며 빠르게 뛰지만, B는 옆으로 천천히 걷는다. 반면 C는 그 자리에 앉아 뛰려고 하지 않는다. 심한 경우, D는 뒤를 향해 뛰곤 한다.

피드백의 중요성은 다음 3가지로 살펴볼 수 있다.

첫째, 피드백은 방향과 목표를 제시해 줄 뿐 아니라 지금 현황이 어떤가를 알려준다. 뛰어난 리더는 구성원들을 한 방향으로 이끈다. 방향과 과제를 제시해 앞을 향하도록 하고, 각자의 현황을 파악하여 알려 줌으로써 더 빨리 더 효율적으로 목표를 달성하도록 한다.

둘째, 일하는 방법의 개선을 통해 성장하게 한다. 리더의 시의적절하고 구체적이며 의미 있는 피드백은 자신이 하는 일을 보다 효과적으로 실행하게 하고, 일하는 방법을 익혀 역량을 높이는 가장 중요한 요인이다. 성과가 높은 상사와 선배의 일하는 방식을 지켜보며 따라 하는 것도 큰 배움이다. 만약 이런 상사와 선배가 체계적이고 지속적으로 피드백한다면 성장의 속도는 매우 빠르고 높을 것이다. 더 나은 방법을 알게 되고 어떤 일을 어떻게 해야 하는가를 알게 된다. 시켜서 일을 하는 사람이 아닌 스스로 일을 찾아 하는 사람이 된다.

셋째, 조직과 사람관계 속에서 성취의 동기부여를 하고 변화하게끔 한다.

IBM, GE, 구글 등 글로벌 초일류 기업들이 상대평가 대신에 절대평가로 전환하여 '경쟁 차원이 아닌 육성 차원'의 평가제도를 운영하고 있다. 일정 기간(월 또는 분기)을 정해 피드백을 통해 무엇을 잘했고, 어떤 일을 어떻게 해야 하는가에 대해 구체적으로 제시해준다. 이들은 타고난 능력이나 성격에 대해 이야기하기보다는 실제로 성취한 결과와 그 과정의 노력에 대한 피드백을 한다. "이번 과제에서 A과장이 잘했던 부분은 정확하게 변화의 방향을 읽고 선제적 대응방안을 모색했다는 점이다. 또한, 일을 추진해 가면서 혼자 하려고 하기보단 선배와 주변 팀과 함께 추진하여 종합적이고 효율적으로 일을 마무리할 수 있었다. 중간보고의 시점을 2일만 더 앞당겼다면 CEO가 공장에 왔을 때 할 수 있었는데, 아쉽지만 최종 보고는 6월 25일까지 마무리 해서 6월 말 CEO일정을 확인 후 보고하도록 하자", "B과장이 이 일을 하지 않았다면 큰일이 발생했을 뻔했다. 전체 프레임을 정해 계획된 일정대로 일을 추진했을 뿐 아니라 후배에게 매뉴얼을 만들어 준 점은 정말 탁월하다.", "C대리는 일을 동시에 하다가 미루는 습관이 있는데, 이 점에 대해 어떻게 생각하는가? 하루에 해야 할 일을 6가지 정도 우선순위를 정해 하나씩 마무리해보면 어떨까? C대리는 추진력이 강해 하나의 일에만 집중하면 성과가 눈에 띄게 향상될 것이라 믿어."

자신을 믿고 성장하기를 바라는 마음에서 하는 피드백은 구성원에게 강한 성취동기를 자극하고, 일 잘하는 사람으로 변화시키는 원동력이 된다.

• 직원들의 마음속에 각인된 리더의 성공비결 •

31년의 직장생활 속에 HR업무를 수행하면서 리더의 중요성을 인식하였다. 또한 기존의 리더뿐만 아니라 리더가 될 예비 팀장과 예비 경영자에 대한 관심을 갖고 철저하게 검증하는 여러 제도를 수립하여 실행하였다. 최근 2년 동안 가장 많이 한 강의 주제는 '리더의 역할과 조직관리'이다. 사실 우리 기업의 경영자와 관리자들은 체계적이고 지속적으로 리더 교육을 받지 못하였다. 어느 날 리더로 인사발령을 받으면 팀원 수준을 벗어나지 못한 팀장이 되거나 팀장 수준을 벗어나지 못하는 본부장이나 실장의 역할을 수행하게 된다. 팀장의 역할과 임원의 역할을 알지 못하였다. 이래서는 직원들에게 존경받기는커녕 '구관이 명관'이라는 소리를 들어야 한다. 직원들의 마음속에 각인된 리더는 어떤 마음가짐과 행동을 할까?

첫째, 철저한 자기관리이다.

자신만의 강한 신념과 가치관으로 무장하여 부단히 자신을 계발하며 스스로 자신을 지키는 능력과 경쟁 속에서 이기는 습관이 이들에게는 있다. 타인의 지시에 의해 이끌리기보다는 주도적이고 자율적으로 자신을 이끌며 겸손한 가운데 악착같은 실행력과 도전정신도 있다.

둘째, 사업과 고객을 명확하게 인식하고 가치와 성과를 창출한다.

이들은 회사 사업의 본질과 환경변화 속에서 어떻게 본질을 바꿔야 하는가에 민감하다. 고객이 누구인지와 고객의 니즈를 정확하게 파악하여 감동을 주기 위해 부단히 노력한다. 이들은 온몸을 열고 회사와 고객의 이익을 위해 작은 변화에도 귀 기울인다. 이들은 무엇을 위해 일하는가를 분명하게 알고 있기에 명확한 목표를 수립하여 선제적 대응을 한다. 목표를 달성하기 위한 철저하고 체계적인 계획을 수립하며, 나아가 개선을 통한 가치와 성과를 부단히 향상시킨다.

셋째, 전략적 의사결정을 하며 제대로 전달한다.

이들은 리더가 하는 일은 의사결정임을 잘 알고 있다. 올바른 의사결정은 회사, 상사와 연계되어 길고 멀리 보며 전체의 파이를 키우는 전략적 의사결정임을 잘 알고 있다. 뿐만 아니라 의사결정이 제대로 실행되기 위해서 직원들에게 왜 이 일을 해야 하는가를 강조한다. 정진호 소장의 책『가치관으로 경영하라』에서는 이에 대한 중요성과 구체적인 방법을 소개하고 있다. 이들은 해야 할 일의 큰 프레임을 제시하여 한마음 한 방향으로 이끌어간다.

넷째, 사람을 통해 함께해야 함을 잘 알고 있다.

이들은 혼자 잘해서는 절대 획기적인 목표를 달성할 수 없고, 함께해야 함을 잘 알고 있다. 이들이 가장 먼저 하는 일은 '하나 됨'이다. 비전과 핵심가치, 조직의 그라운드 룰을 정해 하나 됨을 이끈다. 개개인의 꿈과 애로사항에 대해 묻고 도와주려고 노력한다. 항상 소통을 통해 개개인이 갖고 있는 이슈에 대해 파악하고 함께 고민한다. 인정하고 칭찬해 주며, 진정성이 담긴 질책으로 구성원의 마음을 훔친다. 이들은 10명의 우군을 만드는 것보다 1명의 적을 만들면 안 된다는 사실을 잘 알고 있다. 더 중요한 것은 사람들의 마음속에 자신이 간직되도록 적극적으로 표현한다는 점이다. "김 과장이 있어 이 일을 해낼 수 있었다.", "지난번 본부장님의 코칭으로 수렁에 빠진 일을 이렇게 성공으로 이끌게 되었습니다.", "이 대리, 아이가 또 태어나 힘들겠다. 내가 무엇을 도와줄까?" 이런 칭찬과 인정의 말을 들을 수 있도록 노력한다. 이들은 조직과 함께하는 사람들을 성장시키는 것이 자신의 책임이라는 것을 잘 알고 있다.

• 직원을 고민하고 성장하게 하고 있는가? •

A임원은 꼼꼼하기로 소문이 자자하다. 아랫사람에게 업무 관련한 사항을 전달할 때에도 빽빽하게 적고 피드백을 한다. A임원이 부르면 최소 20분 이상 정신교육을 받지만, 자신이 무엇을 잘못했다는 것은 분명하게 알고 나온다. A임원은 업무지시를 내릴 때, 하나부터 열까지 꼼꼼히 살피며 최대한 그대로 추진한다.

B임원은 방관형이다. A임원과는 다르게 직원을 불러 꾸중하거나 지도하는 적이 없다. 일을 지시할 때 제목 정도만 알려주고 직원이 해 오도록 한다.

A임원과 B임원하의 직원들은 모두 죽을 맛이다. A임원의 직원들은 임원 부재 시 의사결정을 잘하지 못한다. 지시받은 일에 익숙해져 자신의 생각을 담는 고민이 적었기에 갑작스럽게 처음 접하는 상황에 몹시 당황하며 어찌할 바를 몰라 한다. 반면, B임원의 직원들은 매일 밤샘이다. 방향이 틀렸다, 다른 대안을 모색하라, 추진 프로세스가 잘못되었다는 지적에 보고서를 몇 번이나 수정한다. 매번 다른 차원의 고민을 해야 하기 때문에 쉽게 지쳐 버리고 만다. 이런 직원들에게는 지시를 어떻게 내리

고 어느 정도 고민하게 하는 것이 옳은가?

• 직원을 바보로 만드는 상사 •

직원들이 자기 생각이나 아이디어가 없이 그저 상사가 시키는 대로만 일하면 바보가 된다. 자신이 추구하는 일의 바람직한 방향을 떠올리며, 전략과 구체적인 과제를 도출하고 악착같이 추진하는 열정을 보여야 한다. 만약 상사가 일에 대한 결정권을 직원에게 주지 않으면 직원을 바보로 만들고 있는 상사라고 할수 있다. 이런 상사들은 요즘 젊은이들이 배우려고 하지 않는다며 치열함과 열정이 없다고 하소연한다. 역량도 떨어져 도전과제를 주거나 믿고 맡길 수 없다고 한다. 일을 지시할 때, 업무의 방향이나 큰 그림은 주지도 않으면서 결과물에 하자라도 있을 경우엔 해당 직원을 나무란다.

직원을 키우는 상사는 직원을 편하게 하기보다는 그들의 가치를 높여 준다. 직급이 낮은 직원에 대해서는 꿈과 목표, 강점을 강화해준다. 남의 생각이 아닌 자신의 생각을 주장하게 하고, 직접 일을 추진하게 한다. 직급이 높은 직원에 대해서는 적을 만들지 않고 잘못된 언행이 없도록 단점을 보완해준다. 높은 성과를 창출하도록 자발적이고 주도적인 메가 프로젝트를 기획하여 수행하도록 한다.

리더인 상사가 직원을 키우지 않는 이유는 다양하다. 가장 큰 이유는 자기 자리에 대한 생존본능이다. 직원이 성장하면 자기 자리가 위태로워질 수도 있다는 불안감이다. 이러한 리더들은 오직 자신의 생존만 생각한다. 그렇기 때문에 회사성장에 큰 장애물이 된다. 이런 리더들은 미래에 대한 비전과 전략, 역량, 열정도 없는 사람이다. 때문에 최대한 빨리 보직 해임하거나 퇴출해야 한다. 이들이 저지르는 가장 큰 잘못은 회사에 무능력을 전염시키고 열정이 있는 직원을 바보로 만든다는 점이다.

• 직원을 키우는 상사 •

직원을 키우는 상사는 직원을 편하게 해주기보다는 그들의 가치를 높여 준다. 직급이 낮은 직원에겐 다양한 경험을 하게하고 강점을 강화해준다. 도전과제를 주고 난관을 극복하게 한다. 타부서 사람들과 모임을 갖게 한다. 다양한 일들을 경험하게 하고, 대화하는 법과 소통하는 법을 알려 준다. 무엇보다 책을 많이 읽고 정리하며 공유하게 한다. 직급이 높은 직원에게는 적을 만들지 않게 한다. 잘못된 언행이 없도록 단점을 보완해준다.

높은 성과를 창출하도록 자발적이고 주도적인 메가 프로젝트를 기획하여 수행하도록 한다. 관계의 중요성과 경험을 쌓도록 일정 기간의 임시 팀을 이끌도록 하고, 주변 팀과의 협상과 협조 역량을 지원해준다. 길고 멀리 보며 사업과 전략에 대한 사업가적 마인드를 이끌어 준다. 조금은 불가능한 일을 부여하여 강한 열정과 실행력으로 성취감과 자부심을 느끼게 한다. 일을 배우고 문제를 해결하는 단계에서 일을 가르치고 진단하여 컨설팅 하는 전문가가 되도록 한다. 인성과 전문성이 뛰어나고 성과를 창출하는 인재는 조기에 리더로 발탁되어 미래를 선도하는 주역이 된다.

· 내 상사는 멍부 또는 똘부 아닌가? ·

오래된 농담 중의 하나가 바로 상사의 4가지 유형이다.

첫째 유형은 똑똑하고 부지런한 상사로 일명 똘부라고 한다. 둘째 유형은 똑똑하고 게으른 상사로 똘개라고 한다. 셋째 유형은 멍청하고 부지런한 상사로 멍부라고 한다. 넷째 유형은 멍청하고 게으른 상사로 멍개라고 한다.

이 가운데 직원이 가장 싫어하는 타입은 바로 멍부 스타일이다. 멍청하기 때문에 새로운 가치를 창출하는 앞선 방향이나 전략을 제시하지 못한다. 중요한 프로젝트를 구상하지 못할 뿐만 아니라 중요하다는 것 자체를 알지 못한다. 기존에 해 왔던 일을 중심으로 성실하고 추진력 강하게 밀고 나간다. 잘못된 일인지 잘하고 있는지 판단하지 못하고 하라고 하니 직원 입장에서는 답답하다. 이러한 스타일의 특징은 고집도 엄청 세다. 자신이 지시한 것을 직원들이 실행해야 한다. 하지 못한다고 하면 가만 두지 않는다.

명부 못지않게 피곤한 상사는 똑부이다. 똑똑하기 때문에 방향과 전략을 정하고 중요한 과제에 집중하도록 한다. 의사결정이 명확하고, 일의 프레임을 잘 정해 체계적으로 일을 처리한다. 문제는 부지런하다는 점이다. 똑똑하고 부지런하기 때문에 기다려 주지를 못한다. 직원이 뭔가 잘못했거나 신속하지 않으면 자신이 해 버린다. 직원들 입장에서는 상사가 똑똑하고 부지런하니 자신이 잘해도 상사의 수준을 넘지 못함을 알게 된다. 갈수록 직원들은 대충 일을 하게 되고 성장하지 못한다. 이 상사는 직원을 육성시키지 못하고 매일 과중한 실무에 파묻히게 된다.

• 피곤한 상사를 만나면 어떻게 해야 하는가? •

명부 스타일이면서 소리를 지르고, 기안서를 찢거나 인격적으로 망신을 주는 상사라면 대책이 없다. 근무하면 할수록 영육이 피폐해지고 '내가 이렇게 근무하는 것이 옳은가?' 하는 의구심이 들 것이다. 이러한 의구심은 자신에게도 해가 된다. 직원들로 하여금 퇴사를 실행하게 만드는 대표적인 유형이 바로 이런 이들이다. 어렵게 입사한 회사를 이렇게 떠나는 이들의 심정은 얼마나 아프겠는가? 그들이 떠나지 않게 막을 수 있는 방법은 없을까? 소나기는 피하라고 하지 않던가. 유사 직무부서, 임시 T/F조직, 장기 연수 등으로 자리를 옮기는 것도 한 방법이다. 힘들겠지만, 차상급자 또는 회사의 공식 채널(정도경영 등)을 통해 상담을 하는 방법도 있다. 상사를 피하기보다는 매일 자신이 해야 할 일을 보고하고, 결정 사안에 대해서는 복수안을 만들어 상사의 의견을 물으며 상사와의 긍정적 접촉을 강화하는 방안도 있다. 어느 방안을 사용하더라도 상사와의 관계가 적이 되거나 혐오스러울 정도로 틀어지면 곤란하다. 내가 상대를 싫어하면 상대도 나를 싫어하는 것은 당연하다.

똘부 스타일의 경우, 내가 더 부지런하고 깊이 있는 일처리를 하면 상사에게 인정받고 많은 강점을 배울 수 있다. 대부분의 똘부들은 한번 신뢰한 사람은 쉽게 내치지 않는다. 상사에게 의존하겠다는 생각을 버리고, 상사를 보완하는 입장에서 상사가 고민하도록 일처리를 하면 인정받게 된다.

• 당신은 어떤 상사가 되어야 하는가? •

조직의 장인 상사가 해야 할 가장 중요한 일은 바로 의사결정이다.

올바른 의사결정을 신속하게 처리하여 성과를 높이기 위해서는 상사 혼자 잘한다고 되는 것이 아니다. 함께하는 사람들과 하나가 되어 성과를 창출해야 한다. 상사인 당신은 남들보다 한 발 앞서 기회를 창출하는 일을 수행해야 한다. 보다 높은 성과를 창출하기 위해 전체를 보야 한다. 길고 멀리 보면서 종합적으로 판단하여 비용을 최소화하고 이익을 극대화해야 한다. 모두가 한 방향으로 신속하게 일을 추진하기 위해서는 프레임 또는 추진 계획을 명확하게 잡아 주어야 한다. 모두가 한 마음으로 열정을 다해 몰입하게 하기 위해 인정과 동기부여를 해야 한다. 당신은 언제 누구에게 어떻게 개별적으로 할 것인가를 고민해야 하지만, 조직원 전체를 대상으로 '우리는 하나'라는 인식을 심어 주어야 한다. 항상 깨어 있되, 여유를 갖고 행할 때 가능하다. 당신이 너무 바쁘면 조직과 구성원, 성과는 갈수록 멀어져 간다.

· 회사는 지속성장해야 한다 ·

사람이 가장 중요한 경영 자원이다. 오죽하면 사람이 경쟁력이며, 사람이 답이라고 하겠는가? 사람이 경쟁력이 되기 위해서는 다음의 3가지 질문에 임직원 모두가 동일한 대답을 해야 할 것이다. "왜 존재하는가? 무엇이 될 것인가? 어떻게 일할 것인가?"

문제는 조직의 구성원 중에 함께 가기를 거부하며 자신의 편안함과 이기만을 추구하는 사람이 있는 경우이다. 모두가 벅찬 업무로 힘들어할 때에 돕기는 고사하고 자신의 몫도 하지 못해 민폐를 끼치는 사람이다. 이들은 자신이 무엇을 어떻게 해야 하는지를 잘 알고 있다. 하지만 이 일을 왜 해야 하는지에 대해 잘 알지 못한다. 심한 경우, 동료들이 자신을 멀리한다는 것을 알지만, 그것은 그들 탓이고 자신만 편하면 된다는 생각을 갖고 있다. 자신에게 조금이라도 피해가 생기면 모든 수단을 동원해 상대방을 비난하며 심지어 언성을 높여 싸운다. 그렇게 해서라도 손해 보지 않으려 한다.

A제조회사의 홍길동 과장은 수년 전부터 많은 문제를 일으키는 고참 과장이다. 직장인으로서 적절치 않은 행동인 근무 중 음주, 잦은 자리 비움, 불성실한 근무, 고객과의 잦은 다툼, 예의 없고 불만 가득한 언행, 신입사원에게 자신의 일을 맡기는 등의 부적절한 행동을 했다. 홍 과장의 팀장은 홍 과장보다 5살 연하이며, 두 사람은 지역 선후배 관계다. 공장장들은 홍 과장의 문제를 적극적으로 해결하기보다는 묻어두는 쪽을 택했다. 홍 과장이 더욱 기고만장해졌다.

팀장은 홍 과장에게 부탁을 해 보았지만, 본인의 태도가 전혀 바뀌지 않았다. 문제가 많이 발생한 몇 건에 관해선 징계위원회를 개최하였다. 위원회 의결로 홍 과장은 감봉 6개월의 징계를 받았다. 하지만, 홍 과장은 징계 이후에도 반성의 기미를 전혀 보이지 않았다. 그는 되려 정부기관 및 본사 경영층에 투서를 했으며, 이로 인해 많은 사람들이 스트레스를 받았다. 새로 부임한 공장장도 조직의 새로운 개선이나 변혁보다는 임기 내에 잡음이 없기를 바랐다. 홍 과장에게 원하는 부서와 직무를 배정

했다. 홍 과장이 배치된 부서는 대리 이하의 직원이 많았다. 홍
과장은 팀의 최고참이면서도 일을 거의 하지 않아 신입사원 2
명이 퇴직하는 직접적 원인이 되었다. 팀장은 홍 과장에게 팀의
현황과 직급이 낮은 팀원들의 고충을 이야기하며 대리 수준의
업무를 부여하였다. 그러자 홍 과장은 공장장에게 찾아가 팀장
이 무리하게 자신에게 업무를 부여하고, 팀원 관리를 잘못하고
는 그 책임을 자신에게 미룬다는 면담을 하였다.

   팀장은 공장장의 부름을 받고 찾아가니, 공장장이 말한다.
"왜 홍 과장을 잘 관리하지 못하고 또 시끄럽게 하냐?"며 호통
이다. 공장장에게 "홍 과장이 계속 이런 행동을 보인다면, 앞으
로 일은 누가 할 것이며, 팀원들도 일할 명분이 없다. 팀원의 불
만이 극에 찬 상태로 대책을 준비해야 할 것 같다."고 말했다.
이후로 공장장은 별다른 개선대책 없이 출장을 갔다. 홍 과장은
공장장에게 말했다며 부과된 업무를 하지 않고 있다. 여러분이
리더라면 홍 과장을 어떻게 하겠는가?

   가장 좋은 방법은 홍 과장이 뉘우치며 성실한 사람이 되는 것
이다. 하지만 이런 일은 기대하기 어렵다. 사람의 생각과 습관
은 그렇게 쉽게 바뀌지 않는다. 리더가 가져가야 할 가장 근본
적인 생각은 조직과 사람과 일을 통한 성과 창출이다. 공장장
처럼 리더가 나 있는 동안에 문제만 일어나지 말라는 식으로 눈
감아 버리면, 홍 과장은 물론이고 다른 직원들의 인생까지 망치

게 된다. 전염되기 때문이다. 우수한 직원들은 하나둘 회사를 떠난다. 리더가 적극적으로 홍 과장을 해결하려고 하면, 그 고민과 아픔을 이해하지 못하고 가재는 게 편이라며 너무한다, 비정하다 등등 온갖 비난을 한다. 그럴 때 리더는 무척 아프다. 리더는 사람 좋고 인기 많은 사람이 아니다. 조직과 구성원의 가치를 높이는 사람이며, 성과를 창출해야 하는 사람이다. 냉정해야 한다. 함께 가기를 거부하는 사람을 이끌고 가기에는 넘어야 할 산이 너무 험하고 높고, 이끌어야 할 사람은 너무나 많다.

관계를 좋게 하는 말들

- 지금부터가 진짜 시작이야. 열심히 합시다.

- 이 상황을 이겨내면 그때는 기회가 올 거야.

- 이 정도면 상대방도 이해할 거라 생각합니다.

- A대리가 업무를 제대로 하려는 마음은 이해합니다.

- A대리가 성실하고 열심히 한다는 것은 나도 알고 있습니다.

- 꾸짖지도 못하는 관계가 되면 그때는 끝이다.

- 누구든 깜빡할 때가 있단다.

- 지금이 A대리에게 가장 중요한 시기라는 것을 알고 있지?

- 함께 생각해 봅시다.

- 괜찮아, 나도 그런 실수를 하면서 이 자리에 왔어요.

- 누구나 실수하잖아? 자신을 비하하지 말아요.

- 일은 순조롭게 진행되고 있지요?

- A대리는 이 일을 완벽하게 해낼 것으로 믿습니다.

- 우리 모두는 A대리를 걱정하고 있습니다.

- 과연 A대리군. 그렇게 생각할 줄 알았습니다.

- 원인이 어디에 있다고 생각하는가?

- 어떻게 하면 좋을까?

- 내가 하고 싶은 말이 무엇이라고 생각하나요?

- 어디에 문제가 있는지 말해줄 수 있는가요?

– 지난번 부탁한 것 어떻게 되고 있는지 말해줄 수 있나요?

– 이게 어찌된 일인지 설명 부탁합니다.

– 이 일은 A대리가 하면 잘할 것이라는 확신이 드는데 부탁해도 될까요?

– B사원이 아직 연락이 없는데, 무슨 일인지 알고 있나요?

– 말하는 도중에 미안한데, 그 말은 무슨 뜻이지요?

– 나는 A대리가 이런 일로 이렇게 낙심할 사람이라고 생각하지 않습니다.

– 아니, A대리가 어떻게 이런 실수를 했지요?

– A대리는 이 업무에 대해서는 프로가 아닌가요?

– 이 일은 A대리에게만 맡길 수 있습니다.

– A대리가 있었는데, 왜 이런 일이 벌어졌지요?

– 내가 사람 보는 눈은 있네요.

– 다 잊어버려라. 이것은 내 책임입니다.

– 혼자라는 생각을 버리고 우리 팀은 하나라고 생각해주세요.

– 잘못되었다고 생각하면 언제든 말해주세요.

– 실패를 두려워하지 말고 해 주세요.

– A대리, 이 일을 귀가 전까지 끝내줄 수 있을까요?

– 우리 모두는 A대리를 응원합니다.

– 다음 업무에 활용하면 좋겠습니다.

– 그러면, 이해한 것으로 알고 부탁합니다.

– A대리를 믿었는데, 아쉽네요.

– 전에도 말한 것 같은데, 확인을 위해 다시 한번 강조합니다.

– 미리 나에게 말했다면 좋았을 텐데.

– 그렇게 하면 상대가 이해해 줄까요?

– 어떻게 생각하는지 알려줄 수 있겠나요?

－ 그 일의 결과에 대해 다시 한번 확인 부탁합니다.

－ 이 방법으로 하면 경쟁사는 어떻게 생각할까?

－ 이해하기 어렵습니다. 쉽고 자세히 설명해 주시면 고맙겠습니다.

－ 본부장님이 도와주지 않으면 성공할 수 없습니다.

－ 이런 행동은 A대리답다고 생각하지 않습니다.

－ 이런 행동은 오해받기 좋습니다. 나중에 힘들어집니다. 재고해 보세요.

－ 이 판단은 A대리만의 생각 같은데 그렇지 않나요?

－ A대리를 위해 하는 말이네.

－ 혼자서 일할 수 있다고 생각합니까?

－ A대리, 모든 일에 완벽한 사람은 없습니다.

－ 주위에서 A대리를 어떻게 판단하고 있는지 알고 있습니까?

－ 금방 끝나니 내 말에 집중해 줄 수 있나요?

－ 지금과 같은 태도는 좋은 관계를 가져가기 어렵습니다.

－ 누가 A대리에게 이런 행동을 보이면 A대리는 어떻게 하겠습니까?

－ 우선 상대의 이야기를 듣는 것이 옳지 않을까요?

－ 지금 한 말 다시 한번 해주겠습니까?

－ A대리의 말은 앞뒤가 맞지 않는데 정리해 주겠습니까?

인간관계의 기술을 통해
조직과 자신을 발전시키는
리더가 되기를 희망합니다!

권선복
(도서출판 행복에너지 대표이사)

하루 중에 가장 오랜 시간을 보내는 공간은 어디인가요? 바로 직장입니다. 그렇기에 직장 내 인간관계의 중요성은 더 말할 나위가 없을 것입니다. '홍석환의 HR 전략 컨설팅' 대표이자 삼성의 수석연구원, GS칼텍스 인사기획 담당자, KT&G인재개발원장 등을 거치며 오랫동안 기업의 인재경영을 연구해 온 홍석환 저자는 '일을 잘하는 사람은 인간관계가 좋은 사람이다'라고 단호하게 이야기합니다. 오로지 자신의 일에만 매몰되어 주변과 불통으로 갈등을 빚는 사람보다는 신입 때부터 뛰어난 인간관계를 통해 상사, 동료, 후배들과 일을 추진해 나갈 수 있는 사람이 현재는 물론 미래에도 유리한 위치를 가져갈 수 있다는 것입니다.

그렇다면 이렇게 중요한 직장 내 인간관계를 어떻게 만들어 가야 할까요? 중학교 동기동창인 홍석환 저자는 이 책『인간관계가 답이다』를 통해 스스로를 진정한 리더로 만들어 나가는 몇 가지 인간관계의 비법을 제시합니다.

첫째는 관계의 기본은 소통과 경청이라는 것을 이해하고 자신을 내세우기보다 먼저 상대방의 말에 귀 기울이는 법을 배우는 것입니다. 둘째는 자기 자신을 객관적으로 이해하고 자기관리에 충실하여 주변의 그 누구에게도 모범이 될 수 있도록 스스로를 갈고 닦는 것입니다. 셋째는 조직 내 상사로서 혹은 부하직원으로서 자신이 어떻게 처신해야 하는지를 아는 것입니다. 마지막으로는 상사와 동료, 부하의 진심을 '훔치는' 기술을 이해하고 이를 기반으로 하여 조직의 목표를 모두의 힘으로 달성해 나가는 방법을 깨닫는 것입니다.

이러한 인간관계의 기술들을 설명하면서 홍석환 저자는 무엇보다 '감사'를 강조합니다. 혼자서 이룰 수 있는 것은 세상에 아무것도 없으며, 내 주변의 모든 것들이 나에게 도움을 주는 존재들이기 때문입니다.

직장 새내기에서부터 한 조직을 이끌어 나가는 리더들에게 이 책『인간관계가 답이다』를 통해 사람을 끌어들이고 사람과 함께 발전하는 긍정 리더로 성장해 나가기를 기원드리며 선한 영향력과 함께 힘찬 행복에너지를 보내드립니다.

하루 5분 나를 바꾸는 긍정훈련

행복에너지

'긍정훈련'당신의 삶을 행복으로 인도할 최고의, 최후의'멘토'

'행복에너지 권선복 대표이사'가 전하는 행복과 긍정의 에너지, 그 삶의 이야기!

인터파크
자기계발 분야 주간
베스트 1위

권선복 지음 | 15,000원

권선복

도서출판 행복에너지 대표
지에스데이타(주) 대표이사
대통령직속 지역발전위원회
문화복지 전문위원
새마을문고 서울시 강서구 회장
전) 팔팔컴퓨터 전산학원장
전) 강서구의회(도시건설위원장)
아주대학교 공공정책대학원 졸업
충남 논산 출생

책 『하루 5분, 나를 바꾸는 긍정훈련 - 행복에너지』는 '긍정훈련' 과정을 통해 삶을 업그레이드하고 행복을 찾아 나설 것을 독자에게 독려한다.

긍정훈련 과정은 [예행연습] [워밍업] [실전] [강화] [숨고르기] [마무리] 등 총 6단계로 나뉘어 각 단계별 사례를 바탕으로 독자 스스로가 느끼고 배운 것을 직접 실천할 수 있게 하는 데 그 목적을 두고 있다.

그동안 우리가 숱하게 '긍정하는 방법'에 대해 배워왔으면서도 정작 삶에 적용시키지 못했던 것은, 머리로만 이해하고 실천으로는 옮기지 않았기 때문이다. 이제 삶을 행복하고 아름답게 가꿀 긍정과의 여정, 그 시작을 책과 함께해 보자.

『하루 5분, 나를 바꾸는 긍정훈련 - 행복에너지』